DENISE LINN

SACRED DESTINY

ORAKEL ZUR HEILIGEN BESTIMMUNG

Begleitbuch zu den 52 Karten

ISBN 978-3-8434-9207-2

Denise Linn
Sacred Destiny
Orakel zur heiligen Bestimmung

Titel der Originalausgabe:
Sacred Destiny Oracle Cards
Copyright © 2019 Denise Linn
Originally published in 2019 by Hay House Inc. US

Box, Karten & Anleitung: Anna Twele, Schirner, unter Verwendung von Bildern von Scott Breidenthal sowie # 1066733528 (© Rolau Elena) und # 492416668 (© Arlo Magicman), www.shutterstock.com
Illustrationen: Scott Breidenthal, www.scottbreidenthal.com
Übersetzung: Rudolf Scholz, Schirner
Lektorat: Bastian Rittinghaus, Schirner
Printed & bound by: Pelikan Printing House, Turkey

www.schirner.com

1. Auflage April 2023

INHALT

Diese Karten sind in Liebe
der »Total Life Reset«-Gemeinschaft gewidmet.

DIE REISE ZU DEINER HEILIGEN BESTIMMUNG

Du hast eine heilige Bestimmung, wir alle haben eine. Es gibt einen zutiefst bedeutsamen Grund, warum du hier auf diesem Planeten bist. Jedoch kann es schwierig sein, zu erkennen, was dieser Grund ist, und zu erfassen, was auf der Reise in deine Zukunft benötigt wird. Es kann auch eine Herausforderung sein, zu ermitteln, welcher Schritt der nächste im Leben sein sollte.
In diesen entscheidenden Momenten ist es nützlich, ein Orakel zu befragen. Orakelkarten haben eine lange Tradition. Sie können dir die Richtung deiner Bestimmung anzeigen und auch erstaunlich detaillierte Einsichten in besonders schwierige Situationen geben. Die Orakelkarten nun, die du gerade in der Hand hältst, die Karten von »Sacred Destiny«, rufen die Kräfte der Natur und die Macht der Naturgeister an, über die du Antworten auf die im Herzen wahrgenommenen Wünsche deiner Seele erhältst.

In alter Zeit erlangten Schamanen, Heilerinnen, Propheten und Seherinnen heiliges Wissen, indem sie die Natur beobachteten. Sie glaubten, dass jeder Aspekt der Erde die ersehnten Antworten auf die ewigen Fragen in sich trüge: die Naturelemente, die Pflanzen, die wilden Tiere von den Bergen bis hinab in die Täler und sogar die Himmelsphänomene. In der heutigen Zeit werden wir durch unsere schnelllebige, moderne Welt von der Weisheit der Erde abgeschnitten, aber die Stimme der Natur wohnt weiterhin in uns. Wir müssen einfach wieder lernen, diese Weisheit zu empfangen. Das »Sacred Destiny«-Orakel kann dich darin unterstützen, die Verbindung zu den mystischen Kräften der Natur, die dich umgeben, zu vertiefen und so Antworten auf deine Fragen zu erhalten. Außerdem kannst du es dafür nutzen, Hinweise über die Zukunft zu erlangen, Entscheidungen zu treffen, dir zeigen zu lassen, wo du im Moment stehst, oder über deine innere Wahrheit zu meditieren.

Bereits aus der frühesten Geschichte der Menschheit gibt es Berichte über Menschen, die die Zeichen in der Natur deuteten, um ihr Geschick zu bestimmen. In Afrika, im Mittleren Osten, in China, Indien und Indonesien, in Nord- und Südamerika und im Europa des Altertums wendeten sich Menschen über die Zeiten hinweg Schamanen, Heilerinnen, Propheten und Seherinnen zu, um Weisheit und Erkenntnisse über ihr Leben zu erhalten. Diese Kundigen schritten durch mystische Portale, um aus inneren Welten Deutungen für scheinbar zusammenhanglose Lebensereignisse mitzubringen. Ein paar Beispiele: Wenn der Clanälteste zu ergründen versuchte, in welche Richtung sein Stamm weiterziehen sollte, und ein Adler flog tief über seinen Kopf ostwärts hinweg, dann hat er daraus vielleicht geschlossen, dass der Stamm sein Glück im Osten suchen sollte. Oder wenn eine Schamanin einen Schatten in Gestalt eines Fisches erblickte, den eine Eiche in der Sonne warf, so konnte das bedeuten, dass der Stamm an einen nahe gelegenen See zum Fischen gehen sollte. Wenn eine junge Braut eines erdverbundenen Volkes sich an den Seher wendete und dieser daraufhin beobachtete, dass der Wind zahlreiche Kräuselungen auf der Oberfläche eines Teiches verursachte, dann hat er womöglich verkündet, dass die Ehe lang und fruchtbar sein würde.

Heutzutage stehen die übernatürlichen Portale zu den Geistigen Welten, die einst nur wenigen Auserwählten zugänglich waren, für viele offen. Es ist nicht mehr erforderlich, sich an eine Seherin oder einen Schamanen zu wenden, um die tief empfundenen Fragen des Lebens zu beantworten, denn die Schleier zwischen den Geistigen und den irdischen Welten sind dünner geworden.

Außerdem besitzt du aufgrund der Entwicklungsstufe deiner Seele die angeborene Fähigkeit, heilige Portale zu nutzen und so Erkenntnisse über die Zusammenhänge deines Lebens zu gewinnen, wie es die Weisen von einst taten.

Als ich ein Kind war, war die Natur mein Trost. Vielleicht bewirkte es meine amerikanisch-indianische Abstammung oder meine tiefe Sehnsucht danach, von Mutter Erde in die Arme geschlossen zu werden, dass mir jeder Aufenthalt in den Wäldern – etwa, wenn ich einen Hügel bestieg oder durch einen Bach watete – Einsichten, Heilung und Verständnis brachte. All dies ließ mich die traumatischen Erinnerungen meiner frühen Kindheit bewältigen, die auf mich einstürmten. In der Natur begegnete mir *meine* heilige Seelenlandschaft.

Verwende diese Karten regelmäßig, und du wirst Trost, Heilung und Weisheit in dir aufsteigen spüren. Sie können dich darin unterstützen, geheime Botschaften des Universums zu entschlüsseln. Zwar wird dir dieses Begleitbuch zu »Sacred Destiny« Hinweise zu deinen Fragen geben, es hilft dir jedoch bereits, die Abbildung auf der Karte zu betrachten, um deine innere Wahrnehmung zu aktivieren. Woran liegt das? Zum einen wohnt in jedem von uns eine unsterbliche Seele, zum anderen sind im kollektiven Unterbewusstsein Assoziationen und Deutungen zur Natur gespeichert, deren Ursprünge weit in die Vergangenheit zurückreichen. Ein paar Beispiele: In der Geschichte der Menschheit etablierten sich Berge als Symbol für höhere Bewusstseinszustände, das Erreichen luftiger Höhen oder anstrengende Kletterpartien. Höhlen sind zu Sinnbildern für Stille, tiefe Selbstversenkung oder Rückzug von der Welt geworden. Alle unsere Ahnen waren von Natur umgeben, und jeder Aspekt der Natur trug eine Bedeutung. Interessanterweise waren viele dieser Assoziationen weltweit die gleichen. Du wirst feststellen, dass deine Fähigkeit, die mystischen Schleier zu durchschreiten und zu heiligen Sphären zu gelangen, wachsen wird, je öfter du dieses Kartenset nutzt. Wenn du darüber hinaus auch für andere Menschen Legungen durchführst, werden sich sowohl in deinem Leben als auch in den Leben der anderen umfassende Erkenntnisse ergeben und Erfolge einstellen.

DAS »ORAKEL ZUR HEILIGEN BESTIMMUNG« NUTZEN

Mit diesen Karten hältst du Schlüssel zu höherem Bewusstsein in der Hand. Jede Karte öffnet dabei ein anderes Energieportal, das dich jenseits der physischen Welt in die unsichtbare Geistige Welt führt. Nimm dir daher Zeit, dich zunächst mit den Karten vertraut zu machen, nachdem du dein Set empfangen hast. Vielleicht nimmst du jede Karten einen Moment lang einzeln in die Hand, um dich auf ihre Energie einzustimmen, und vielleicht legst du auch den gesamten Kartenstapel in die Nähe deines Bettes, damit im Schlaf eine energetische Verbindung zwischen dir und dem Set entsteht.

Das Kartenlegen ist eine sehr alte und geachtete Kunst. Wenn du für dich oder jemand anderen die Karten legst, dann betrittst du ein mystisches Reich jenseits von Zeit und Raum. Dort erwacht die Seele zu ihrer inneren Wahrheit, und man kann Botschaften der Geistigen Welt empfangen. Die Art und Weise, wie du eine Kartenlegung angehst, wird eine Energie freisetzen, die das Ergebnis beeinflusst. Die aussagekräftigsten Legungen geschehen dann, wenn du dich entspannst und deine Gedanken zur Ruhe kommen lässt. Dann wird sich etwas Magisches ereignen.

EINE LEGUNG VORBEREITEN

Reinige die Karten: Zwischen den Legungen ist es wichtig, die Karten energetisch zu reinigen. Dafür kannst du sie über den Rauch von Weißem Salbei oder Zeder halten, aber auch anderes Räucherwerk eignet sich. Alternativ kannst du sanft über die Karten pusten, auf sie tippen oder klopfen, um sie in den Anfangszustand zu versetzen. Du kannst sie auch unter eine Klangschale legen. Wenn du die Schale anschlägst, werden ihre Schwingungen auf die Karten übertragen und diese gereinigt. Auf gleiche Weise kannst du eine Stimmgabel beliebiger Stimmung verwenden. Wenn du die Auswahl hast, nimm eine, die in »Fis« klingt. Dieser Ton öffnet das Herzchakra, daher eignet er sich zur Reinigung deiner Karten. So funktioniert es: Schlage die Stimmgabel an, sodass sie in Schwingung gerät, und halte dann das Ende des Griffs an die Karten. Du wirst spüren, wie die Karten vibrieren, während sie den Klang verstärken. Sobald dies geschieht, kannst du dir gewiss sein, dass die Karten gereinigt sind.

Reinige den Raum: Je aufgeräumter der Raum ist, in dem du mit den Karten arbeitest, desto aussagekräftiger wird die Legung sein. Daher lohnt es sich, deinen Legungen einen besonderen Bereich zu geben. Nimm dir Zeit, diesen Platz gründlich zu säubern. Es ist eine gute Idee, Staub zu wischen, staubzusaugen und aufzuräumen, bevor du dich an eine Legung begibst. Bei vielen indigenen Völkern werden traditionell Kräuter verräuchert. Die heutzutage gebräuchlichsten Räucherpflanzen sind Weißer Salbei, Zeder, Wacholder und Sweetgrass. Sollte dir nicht danach sein, Kräuter zu verbrennen, kannst du auch eine einzelne Feder oder einen Federfächer verwenden, um damit den Raum symbolisch zu reinigen. Eine Kerze zu entzünden, kann dich dabei unterstützen, den Alltag hinter dir zu lassen und in das Mystische einzutauchen. Indem du Zeit darauf verwendest, den Raum zu energetisieren, erschaffst du einen geheiligten Ort.

Sammle dich: Vergewissere dich, dass deine Wirbelsäule gerade ist und du aufrecht sitzt oder stehst. Mache einige tiefe Atemzüge, um dich zu entspannen. Gehe in dich, um deine heilige Mitte aufzusuchen, den Ort, wo deine Kraft wohnt. Werde still. Stelle dir vor, wie die Kräfte der Erde von unten und die Energie des Himmels von oben in dich hereinströmen. Du bist nun eine heilige Schnittstelle.

Rufe die höheren Mächte an: Atme ein paarmal tief ein und aus, und rufe den Schöpfer oder dein Höheres Selbst, die Engel, deine

Ahnen und deine geistigen Ratgeberinnen und Ratgeber an. Bitte um Beistand und Führung, um die Klarheit und Kraft deiner Legung zu erhöhen. Bedanke dich im Voraus für die Unterstützung und Liebe, die dir zufließen werden. Dies ist eine bedeutsame Handlung, unabhängig davon, ob du die Legung für dich selbst oder jemand anderen durchführst.

Konzentriere dich auf deine Absicht: Werde dir darüber klar, welche Aussagen du von der Legung erwartest. »Die Energie folgt der Absicht«, wie ich zu sagen pflege. Möchtest du Ruhe, Zufriedenheit und innere Ausrichtung verspüren, fokussiere dich darauf. Sehnst du dich nach der Lösung für ein Problem, dann richte deine Aufmerksamkeit entsprechend aus. Halte dir deine Absicht stets vor Augen. Dies ist ein zentraler Schritt.

Visualisiere deine heilige Seelenlandschaft: Stelle dir vor, du befindest dich irgendwo in der Natur, wo du dich sicher, geborgen und wohlfühlst. Stelle dir weiter vor, wie deine Energie sich ausbreitet und nach allen Dingen unseres Planeten greift, sowohl auf dem Land als auch im Meer. Spüre, dass du mit allem verbunden bist, und werde dessen gewahr, dass dem tatsächlich so ist.

DIE KARTEN AUSWÄHLEN

Energetisiere deine Hände: Während du dich auf deine Absicht fokussierst, reibe langsam deine Hände aneinander, bis sie sich warm und kribbelig anfühlen. Dies ist eine Vorbereitung auf deine Arbeit mit den Karten.

Fülle deine Karten mit Liebe: Halte das Set in deinen Händen, und führe es dann langsam zur Mitte deines Brustkorbs. Stelle dir vor, wie goldenes Licht aus deinem Herzen strömt und die Karten einhüllt. Sprich zu dir selbst: »Mögen die Weisheit und die Wahrheit in dieser Legung offenbart werden, zum besten Wohl aller.«

Wähle eine Methode: Dieses Begleitbuch stellt dir einige Vorschläge zur Verfügung, wie das Set genutzt werden kann (ab Seite 19). Die konkrete Methode ist jedoch weniger bedeutsam als die Offenheit deines Herzens. Wenn du dich gesammelt hast und im Herzen empfänglich bist, kann bereits das Ziehen einer einzelnen Karte dir das geben, was du gerade brauchst.

Stelle eine Frage: Fokussiere dich auf deine Frage. (Wenn du die Legung für jemand anderen durchführst, fordere diese Person auf, sich auf ihre Frage zu fokussieren.) Sprich die Frage laut aus, oder konzentriere dich im Stillen auf sie. Vertraue dabei darauf, dass du genau das in der

Legung empfangen wirst, was benötigt wird. Achte darauf, deine Frage auf eine offene Weise zu formulieren, also nicht so, dass sich als Antwort ein Ja oder ein Nein ergäbe. Ein gutes Beispiel ist: »Auf welche Weise lässt sich die bestehende Situation am besten lösen?«

Mische die Karten: Mische die Karten, und mische sie dann noch einmal. Bleibe dabei konzentriert, und baue den Kontakt zur Geistigen Welt auf. Breite anschließend die Karten aus, und lasse deine Hände über ihnen schweben.

Wähle die Karten aus: Gehe beim Ziehen der Karten zügig und spielerisch vor, denke nicht darüber nach. Deine Finger werden vielleicht kribbelig oder warm, wenn sie über einer Karte sind, die aufgedeckt werden soll. Achte auch auf solche Karten, die förmlich von selbst hervorzuspringen scheinen. Bei der Arbeit mit Orakelkarten passiert nichts zufällig.

DIE KARTEN DEUTEN

Drehe eine Karte um: Wenn du eine Karte umdrehst, achte auf deine ersten Gefühle, Wahrnehmungen und Assoziationen. Welche Erkenntnis steigt direkt in dir auf? Vertraue deiner Intuition und deinem Bauchgefühl. Häufig ist der erste Eindruck der treffendste.

Betrachte die Karte: Nimm nun die Farben, Bilder und Wörter auf der Karte wahr. Alles hält eine Botschaft für dich bereit. Nutze deine Intuition, um die tiefere Bedeutung hinsichtlich deiner Frage zu verstehen. Vielleicht möchtest du deine Frage und auch die Antworten, die du erhältst, schriftlich festhalten. Wenn du deine Notizen dann später wieder einmal zur Hand nimmst, wirst du zu noch umfassenderen Bedeutungen vordringen.

Entdecke eine tiefere Bedeutung: Wenn du nicht direkt beim ersten Betrachten der Karte eine Antwort erhältst, dann lies dir zur Unterstützung die Deutungen und Botschaften hier im Begleitbuch durch. Sie sind Hinweise für ein tieferes Verständnis der Aussagen der Karten. Häufig reicht es aus, diese Ausführungen zu lesen, um eine spontane Erkenntnis auszulösen. Sollte eine Deutung aus dem Begleitbuch deiner instinktiven Interpretation widersprechen, dann halte dich an deinen ersten Eindruck. Dieser entstammt direkt deiner Intuition und ist üblicherweise der richtige.

DIE KARTEN AUFBEWAHREN

Wickle sie ein: Idealerweise bewahrst du deine Karten in Stoff eingewickelt auf. Manche verwenden gern schwarze Seide, weil sie die

Energie der Karten aufnimmt, andere hingegen weiße Seide, um die Karten zwischen den Nutzungen zu reinigen. Wiederum andere wickeln sie mit der Absicht in grünen oder blauen Wollstoff ein, die Energie der Karten zu stabilisieren, solange diese nicht in Gebrauch sind. Jede Farbe und jede Art von Stoff trägt eine andere Energie in sich. Verlasse dich bei der Entscheidung, welche Aufbewahrungsweise für deine Karten die beste ist, auf deine Intuition.

Lade sie wieder auf: Nachdem du deine Karten in Stoff gehüllt hast, lege einen Kristall darauf. Dies hilft, die Karten wieder aufzuladen, wenn sie nicht genutzt werden. (Es ist zudem wichtig, den Kristall zwischen den Anwendungen zu entladen. Zu diesem Zweck kannst du ihn für mindestens vier Stunden in die Sonne legen, ihn mit kaltem Wasser abspülen oder mit Eukalyptusöl abreiben.)

Platziere sie angemessen: Würdige deine Karten, indem du sie an einen Ort legst, der sauber und aufgeräumt ist. (Mit anderen Worten: Stopfe sie nicht in eine Schublade für Krimskrams.) Ideal hierfür wäre der Hausaltar, der Kaminsims oder eine andere Stelle im Haus, die verdeutlicht, dass die Karten ein geheiligtes Werkzeug sind.

KARTENLEGEMETHODEN

TÄGLICHER IMPULS

Ziehe eine Tageskarte. Sie kann dir helfen, das heute zugrunde liegende Spiel der Kräfte zu verstehen. Sie kann dir auch Hinweise darauf geben, welche Vorgehensweise mit Blick auf anstehende Herausforderungen oder Entscheidungen die beste ist. Eine Tageskarte bekräftigt die im Hintergrund wirkenden Energien des Lebens eines 24-stündigen Zyklus.

LEGUNG MIT EINER KARTE

Die einfachste Weise, dein »Orakel zur heiligen Bestimmung« zu nutzen, ist folgende: Benenne ein einzelnes Anliegen bzw. stelle eine bestimmte Frage, und ziehe dann eine Karte. Hier einige typische Fragen, die du stellen könntest, um dein Anliegen oder das einer anderen Person zu klären:

- Welche Vorgehensweise im Innen oder im Außen schlägt meine Seele vor, damit ich für die Begebenheit eine positive Lösung finde?
- Welche meiner Eigenschaften soll ich nähren bzw. fördern, um zur bestmöglichen Lösung zu gelangen?

- Welche Fähigkeit benötige ich, um diese Angelegenheit aufzulösen?
- Woran sollte ich arbeiten?
- Was bedarf der Heilung?
- Wie lautet die Botschaft für mich und aus welchem Grund?

LEGUNG MIT DREI KARTEN

Wenn es in deinem Leben einen bestimmten Bereich gibt, der deiner Aufmerksamkeit bedarf, kann »Sacred Destiny« dir verstehen helfen, wie du am besten vorgehen solltest. Ziehe drei Karten, und lege sie von links nach rechts vor dir aus. Decke sie nacheinander auf, um die Botschaften der Geistigen Welt zu enthüllen.

Karte 1 – »Was bedarf der Heilung?«: Die linke Karte wird auch die »Blockadekarte« genannt. Sie zeigt an, was nicht im Fluss ist und wofür eine Lösung gefunden werden muss, um die Herausforderung zu bewältigen. Zwei Beispiele: Wenn sich dir die Karte »Dichter Nebel – Geduld« zeigt, kann dies bedeuten, dass dir verwehrt ist, geduldig zu sein, und du als Konsequenz dessen nicht in der Lage bist, zu erkennen, was auf deinem Lebensweg vor dir liegt. Wenn du die Karte »Verwunschenes Tal – Portal« ziehst, trägst du womöglich in dir eine Blockade, die dich daran hindert, an Magie zu glauben, und somit daran, dir das Leben zu manifestieren, das dir zusteht.

Karte 2 – »Wie kann die Blockade geheilt werden?«: Die mittlere Karte, auch die »Heilungskarte« genannt, steht für das spirituelle Werkzeug, das dich dabei unterstützt, das Hindernis zu überwinden. Ein Beispiel: Wenn die Blockadekarte (links) »Uralter Wald – Gemeinschaft« ist, könnte diese anzeigen, dass du von gesunden sozialen Kontakten abgeschnitten bist. Sie könnte aber auch dafür stehen, dass dich deine Umgebung daran hindert, Fortschritte zu erzielen. Ist deine Heilungskarte (in der Mitte) dann »Neuschnee – Reinheit«, weist sie dich womöglich auf die Notwendigkeit hin, deine Beziehungen durch Vergebung zu heilen.

Karte 3 – »Was bringt die Zukunft?«: Die rechte Karte, auch »Ergebniskarte« genannt, repräsentiert, wie sich die Begebenheit entwickelt, wenn du die Hinweise der ersten beiden Karten befolgst. Ein Beispiel: Nimm an, die Blockadekarte (links) ist »Flussaue – Annehmen« und die

Heilungskarte (in der Mitte) ist »Mäandernder Fluss – Flow«. Das könnte bedeuten, dass dein Weg, blockierte Emotionen zu verarbeiten, der ist, einfach loszulassen, die Dinge anzunehmen und dich dem Flow hinzugeben. Wenn du dann als dritte Karte »Aufsteigender Bergnebel – Höhere Weihen« ziehst, zeigt dies womöglich an, dass du umfassende Einsicht, Gnade und Unterstützung erfahren wirst – sofern du dich an die Ratschläge der ersten beiden Karten hältst und es deinen Emotionen gestattest, im Fluss zu sein.

Variante der Drei-Karten-Legung

- Karte 1 zeigt die Vergangenheit bzw. den Ursprung der Herausforderung,
- Karte 2 die Gegenwart bzw. deinen derzeitigen Standort,
- Karte 3 das, was die Zukunft bringen wird.

LEGUNG MIT FÜNF KARTEN: »BOTSCHAFTEN DER GEISTIGEN WELT«

Mithilfe der Fünf-Karten-Legung kannst du deine geistigen Ratgeberinnen und Ratgeber um Unterstützung bitten. Stelle dir bei diesem Legemuster vor, dass alle deine Helferwesen versammelt sind, um zu dir zu sprechen und dich zu führen. Es ist so, als wärst du der Mittelpunkt einer großen Ratsversammlung all derer, die dich lieben und für dich sorgen.

Um diesen kraftvollen Prozess einzuleiten, konzentriere dich auf deine Fragestellung und erbitte den Segen und die Führung all deiner himmlischen Helferinnen und Helfer. Sei dir gewiss, dass sie zugegen sind, während du deine Legung durchführst.

Karte 1 – Botschaft deines Höheren Selbst: Diese Karte repräsentiert dich (oder die Person, für die du die Legung durchführst). Platziere sie im Zentrum.

Karte 2 – Botschaft der himmlischen Wesen: Diese Karte steht für das, was dir die himmlischen Wesen mitteilen wollen. Platziere sie über dem Zentrum.

Karte 3 – Botschaft der Erde: Diese Karte birgt die Botschaft der göttlichen Mutter Erde und aller deiner Verbündeten aus den Reichen der Tiere, Pflanzen und Steine. Platziere sie unter dem Zentrum.

Karte 4 – Botschaft deiner Ahnen: Diese Karte ist eine kraftvolle Mitteilung deiner Vorfahrinnen und Vorfahren und Verwandten aus der Geistigen Welt. Platziere sie links vom Zentrum.

Karte 5 – Botschaft deines zukünftigen Selbst: Diese Karte hält eine Nachricht von der- oder demjenigen bereit, die oder der du in der Zukunft sein wirst. Hätten wir doch manchmal die Möglichkeit, in der Zeit zurückzugehen und anhand dessen, was wir gelernt haben, unserem jüngeren Selbst Rat und Beistand zu geben … Nun, dies ist die Gelegenheit. Platziere diese Karte rechts vom Zentrum.

Nachdem du für alle Helferwesen aus der Geistigen Welt eine Karte gezogen und aufgedeckt hast, achte darauf, welche Gedanken dir in den Sinn kommen. Versuche, das grundlegende Thema der Nachrichten zu ergründen. Dieses Thema wird dein Schlüssel zum wahrhaftigen Verstehen der Botschaft aus der Geistigen Welt sein.

LEGUNG MIT NEUN KARTEN: »BAUM DES LEBENS«

Das Legemuster »Baum des Lebens« ist hervorragend geeignet, wenn du verstehen willst, welche tiefer liegenden Themen in deinem Leben am Werk sind und welches Endergebnis sich zeigen wird.

Karten 1 bis 4 – die Wurzeln: Lege vier Karten in einer Reihe aus, von links nach rechts. Diese vier Wurzelkarten zeigen die zugrunde liegenden Energien an – auf geistiger, körperlicher, emotionaler und seelischer Ebene.

Karte 5 – der Stamm: Lege eine Karte oberhalb der Mitte der Wurzelkarten aus. Der Stamm stellt dar, wo im Leben du gerade stehst.

Karten 6 bis 9 – die Äste: Lege oberhalb der Stammkarte vier Karten in einer Reihe aus, von links nach rechts. Diese vier Astkarten stehen für deine zukünftige Entwicklung – auf geistiger, körperlicher, emotionaler und seelischer Ebene.

Variante der »Baum des Lebens«-Legung

- Die Wurzelkarten zeigen die Vergangenheit.
- Die Stammkarte steht für die Gegenwart.
- Die Astkarten versinnbildlichen die Möglichkeiten der Zukunft.

LEGUNG MIT VIER KARTEN: »VIER HIMMELSRICHTUNGEN«

Bei diesem Legemuster gibt dir jede Himmelsrichtung entsprechend ihrer Energie im Medizinrad Hinweise auf unterschiedliche Aspekte deines Lebens.

Karte 1 – Osten: Diese Karte offenbart, was in deinem Leben gerade seinen Anfang nimmt, was beginnen will oder wonach du suchen bzw. was du erforschen solltest.

Karte 2 – Süden: Diese Karte zeigt an, was in deinem Leben im Wachstum begriffen ist – und was du hegen und pflegen solltest.

Karte 3 – Westen: Diese Karte versinnbildlicht, was du ernten oder sammeln wirst. Sie kann auch darstellen, was du loslassen bzw. aussortieren solltest.

Karte 4 – Norden: Diese Karte verkündet, was du festigen bzw. nähren solltest – oder was du reparieren bzw. heilen solltest.

LEGUNG MIT DREIZEHN KARTEN: »DER HEILIGE KREIS – JAHRESLEGUNG«

Der heilige Kreis (häufig aus Steinen errichtet und »Medizinrad« genannt) ist in vielen Varianten in indigenen Traditionen rund um die Welt bekannt. Er symbolisiert die verschiedenen Zyklen des Lebens, etwa den Tageslauf der Sonne, die Mondphasen, Geburt, Tod und Wiedergeburt sowie den Wechsel der Jahreszeiten. Im heiligen Kreis hat jeder Mond (bzw. Monat) seine Position. Der Zeitpunkt der Wintersonnenwende befindet sich oben im Kreis (im Norden) und der Zeitpunkt der Sommersonnenwenden unten (im Süden). Die Frühjahrs-Tagundnachtgleiche ist rechts (im Osten) und die Herbst-Tagundnachtgleiche links (im Westen).

Um deine Vorhersage für die nächsten zwölf Monate (das nächste Jahr) zu erstellen, ziehe zunächst eine Karte für den Monat, in dem du dich aktuell befindest. Bei einer Jahreslegung im Januar, zum Beispiel am Neujahrstag, legst du diese Karte auf die Position, die etwa Nordnordost

(»1 Uhr«) entspricht, bei einer im März auf die östliche Position (»3 Uhr«) etc. Lege dann jede weitere gezogene Monatskarte an die entsprechend nächste Position im Kreis. Nachdem du zwölf Karten gezogen und ausgelegt hast, platziere abschließend eine Karte in die Kreismitte, die für die Grundenergie des ganzen Jahres steht. Betrachte dann die Vorhersage, und empfange die Einblicke in den Verlauf der kommenden Monate.

Vielleicht möchtest du dir ein Notizbuch anlegen mit je einem Abschnitt für die Ereignisse des jeweiligen Monats, in dem du nach der Jahreslegung einträgst, welche Karte du gezogen hast. Am Ende des Jahres wirst du dann ein Tagebuch über die zurückliegenden zwölf Monate haben. Es ist übrigens eine wunderbare Geschenkidee, etwa zum Geburtstag, für jemanden eine Jahreslegung durchzuführen und der Person ein Notizbuch zu schenken, in dem die Jahreskarte und die zwölf Monatskarten auf den entsprechenden Seiten eingeklebt sind.

DIE VERBORGENEN BOTSCHAFTEN DEINER TRÄUME ENTDECKEN

Für die Angehörigen indigener Völker sind Träume seit jeher von Bedeutung, denn sie können Bilder der Zukunft, Anregungen für die Gegenwart oder Einblicke in unsere Vergangenheit – sogar die ferne Vergangenheit – sein. Träume können eine Verbindung zwischen den irdischen und den himmlischen Reichen erschaffen sowie gewaltige Kreativität und Inspiration freisetzen. Aber selbst wenn wir uns an unsere Träume erinnern, sind wir oft verwirrt angesichts der uns seltsam und lebhaft erscheinenden Bilder. Das »Orakel zur heiligen Bestimmung« kann dich darin unterstützen, die tiefere Bedeutung deiner Träume zu enträtseln. Nachfolgend eine kurze Anleitung zur Vorgehensweise.

DEN TRAUM AUFSCHREIBEN

Schreibe deinen Traum in seiner Gesamtheit in ein Traumtagebuch. Halte jedes Detail fest, an das du dich erinnern kannst. Lasse eine Deutung des Traums zunächst außen vor, sondern nimm dir lieber Zeit, deinen Traum zu genießen. Lasse die Nuancen deiner Emotionen dein Bewusstsein durchdringen.

Betrachte anschließend deinen Traum erneut. Wähle die markantesten Bilder, Gefühle und Erinnerungen aus, und halte sie ebenfalls in deinem Tagebuch fest.

EINE KARTE ZIEHEN

Konzentriere dich auf die Absicht, deinen Traum zu verstehen. Bewahre diesen Gedanken ganz tief in deinem Herzen, während du deine Aufmerksamkeit auf die Grundstimmung deines Traums richtest.

Ziehe nun eine Karte. Sei dir gewiss, dass dein Unterbewusstsein diejenige Karte auswählen wird, die am besten der Schwingung der tieferen Energie deines Traums entspricht. Diese Karte wird dich dabei unterstützen, seine geheime Botschaft zu entschlüsseln. Für eine noch eingehendere Untersuchung des Traums kannst du auch eine der anderen in diesem Begleitbuch beschriebenen Kartenlegemethoden zurate ziehen.

DIE BOTSCHAFT ERKENNEN

Vertraue darauf, dass das Erste, was dir in den Sinn kommt, für gewöhnlich die treffendste Deutung ist. Betrachte die Karten als Impulsgeber zur

Erkenntnis. Manchmal wird es dir so vorkommen, als ob das, was du unmittelbar beim Aufdecken einer Karte denkst, nichts mit der Karte zu tun hat. Du kannst jedoch darauf vertrauen, dass dir damit ein wichtiger Impuls hin zu einem tieferen Verständnis deines Traums geschenkt worden ist.

Denke über das Bild der gezogenen Karte nach. Achte auf etwaige spontane Einsichten. Manchmal wirkt das Bild der Karte (viel eher als ihr Text) wie ein Katalysator für das Verständnis deines Traums. Betrachte die Farben, Formen und Objekte auf der Karte. Welche Aspekte des Bildes scheinen für deinen Traum die größte Bedeutung zu haben? Bedenke, dass dir die Karte keine eindeutigen Antworten für die Interpretation deiner Träume geben wird. Sie wird jedoch deine Fähigkeit stärken, auf dein angeborenes Wissen zuzugreifen.

Selbst wenn du dich morgens nicht an deine Träume erinnerst, kannst du trotzdem gleich nach dem Aufstehen eine Karte ziehen. Auf diese Weise wird es dem Universum möglich sein, dir die Botschaft deiner Träume der vergangenen Nacht mitzuteilen.

ZEICHEN UND ZUSAMMENHÄNGE IN DEINEM LEBEN ENTSCHLÜSSELN

Der Erde verbundene Völker richteten ihr Leben nach Zeichen und Symbolen aus. Diese zu beachten, war genauso lebensnotwendig wie das Atmen. Auch heute sind wir ständig von Botschaften, Zeichen, Übereinstimmungen und Synchronizitäten umgeben. Sie alle zielen darauf ab, uns in die Richtung unserer heiligen Bestimmung zu weisen, doch häufig nehmen wir sie nicht wahr. In jedem Augenblick flüstert dir das Universum etwas zu, aber manchmal ist es schwierig, die tiefere Bedeutung zu verstehen. An dieser Stelle kommen deine Orakelkarten ins Spiel. Um die Botschaft des Universums zu vernehmen, fokussieren dich einfach auf das Zeichen, das du empfangen hast, und ziehe dann eine Karte.

Hier ein Beispiel dafür, wie das funktionieren kann: Du gehst draußen bei starkem Wind spazieren und siehst plötzlich einen Geldschein über die Straße fliegen. Du glaubst, dass dies ein Zeichen ist, und ziehst eine Karte, um einen Deutungsimpuls zu erhalten. Zwei Möglichkeiten: Die

Karte, die du ziehst, ist »Berggewitter – Macht«. Dein Zeichen könnte dann darauf hinweisen, dass du in eine Zeit der Fülle eintreten wirst und dass es für dich an der Zeit ist, aufzuwachen, das Heft in die Hand zu nehmen und ein Zeichen zu setzen. Ziehst du jedoch die Karte »Leuchtender Sonnenaufgang – Neuanfang«, so könnte dich das Zeichen darauf hinweisen, dir für die Zukunft eine neue Finanzstrategie zu überlegen und anders mit Geld umzugehen.

DIE BOTSCHAFTEN DER KARTEN

Ich hoffe, du wirst diese Fahrt genießen, Seelenreisende bzw. Seelenreisender! Möge dein inneres Orakel erwachen, und möge sich die Weisheit unserer Ahnen in deinem Leben entfalten.

Folge mir gern auf **www.deniselinn.com,** um dort unter anderem mehr über meinen zertifizierten Online-Kurs zum Thema »Orakelkarten« (auf Englisch) zu erfahren.

AFRIKANISCHE SAVANNE

GEDEIHEN

In den Savannen Afrikas wächst der auch »Baum des Lebens« genannte Baobab. Diese prähistorische Pflanzenspezies gibt es schon viel länger als die ersten Menschen: über 200 Millionen Jahre. Sie hat in einem lebensfeindlichen Umfeld überlebt und sich an dieses angepasst. Der Baobab gedeiht inzwischen dort, wo andere Spezies ausgestorben sind. Er kann bis zu 3000 Jahre alt werden und eine Höhe von fast 30 Metern erreichen. Die sukkulente Pflanze nimmt in der Regenzeit Wasser auf und speichert es in ihrem gewaltigen Stamm. Dank dieses Wassers ist sie in der Lage, in der Dürrezeit, wenn das Land ringsum völlig ausgetrocknet ist, eine nährstoffreiche Frucht auszubilden. Dieser bemerkenswerte Baum bietet somit Schutz, Nahrung und Wasser für Mensch und Tier. Er ist einer der wenigen Pflanzen, die ihre reifen Früchte nicht zu Boden fallen lassen, wo sie verderben würden. Stattdessen bleiben diese an den Ästen hängen und trocknen aus. Nachdem eine Baobab-Frucht geerntet worden ist, bleibt sie noch für drei Jahre haltbar.

Die Botschaft der afrikanischen Savanne lautet:

⬥ ⬥ ⬥

»Du bist ein wahrer Überlebenskünstler. Weit mehr als das: Du gelangst zur Entfaltung in Situationen, die andere herausfordernd finden. Du wirst groß, wenn andere klein werden. Du solltest die Gelegenheit nutzen, dich jetzt an neue Lebensumstände anzupassen, statt womöglich von ihnen überwältigt zu werden. Du bist in der Lage, über schwierige Aufgaben hinauszuwachsen. Du bist stark und standfest. Andere möchten vielleicht im Schutz deiner Energie verschnaufen, und das wäre jetzt auch in Ordnung. Indem du anderen von deiner Energie abgibst, wirst du im Gegenzug vom Universum mit Energie versorgt. Lebe deine urwüchsige und archaische, kraftvolle und wilde Seite. Deine Vitalität und dein allgemeines Wohlbefinden werden davon profitieren.«

⬥ ⬥ ⬥

AUFSTEIGENDER BERGNEBEL

HÖHERE WEIHEN

Wenn die Sonne über den fernen Bergen aufsteigt, erhebt sich allmählich vom strahlend goldenen Licht des Morgens erhellter Nebel. In vielen Traditionen symbolisiert er die »mystischen Schleier«, also einen Übergang zu den unsichtbaren Welten. Im Altertum und bei indigenen Völkern werden mit Nebeln die magischen inneren Welten in Verbindung gebracht. Dunst in den Bergen steht für höhere Bewusstseinszustände.

Die Botschaft des aufsteigenden Bergnebels lautet:

◆ ◆ ◆

»Der sich in Wirbeln erhebende Nebel in den Bergen zeigt an, dass sich Wesen der Geistigen Welt – deine spirituellen Hüterinnen und Wächter und deine Ahnen – in der Nähe befinden. Sie unterstützen und beschützen dich auf deinem Weg zu höheren Weihen. Dein spirituelles Wachstum vollzieht sich in riesigen Schritten. Auch wenn du vielleicht den Weg vor dir nicht erkennen kannst, so ist die Geistige Welt dir nah. Vertraue deinem Herzen und deinen Gefühlen mehr als deinen Augen und deinen Gedanken. Dann wirst du in eine unerwartete Richtung geführt werden.«

◆ ◆ ◆

BAMBUS IM WIND

ANPASSUNGSFÄHIGKEIT

Bambus wohnt eine tiefe Bedeutung inne. Während viele große und augenscheinlich starke Bäume durch stürmische Winde brechen können, beugt Bambus sich lediglich und schwankt hin und her. Seine Biegsamkeit erlaubt es ihm, zu überleben und sich sogar weiterzuentwickeln, während andere Pflanzen leiden. Selbst wenn in einem harten Winter seine Zweige mit Schnee beladen sind, bricht Bambus nicht. Er kehrt in seine Ausgangshaltung zurück, sobald im Frühling der Schnee geschmolzen ist. Auch verfügt er über ein starkes Wurzelwerk, das ihn selbst heftige Stürme überstehen lässt. Darüber hinaus ist Bambus ein Sinnbild für Fülle und gesund wachsenden Wohlstand, denn er wächst konstant, schnell und aufwärts und ist von sattem Grün.

Die Botschaft des Bambus im Wind lautet:

◆ ◆ ◆

»Sei flexibel im Leben, bereit, dich zu beugen oder nachzugeben. Manchmal gilt es, standzuhalten, manchmal jedoch ist es angebracht, eine Begebenheit zu umgehen, statt gerade auf sie zuzusteuern. Eine flexible Haltung vermag Fülle und Wohlstand in alle Bereiche deines Lebens einzuladen. Sei offen für Veränderung. Eine Zeit starken spirituellen Wachstums steht bevor. Stelle dich diesem nicht in den Weg, er kommt genau zur rechten Zeit.«

◆ ◆ ◆

BERGGEWITTER

MACHT

Unbeirrt, als wäre er die sich gen Himmel streckende Faust Gottes, hält der zerklüftete und nackte Berg stand, während Blitze von allen Seiten auf ihn einschlagen. Der Lärm ist ohrenbetäubend, weil das Echo des Donnerhalls zwischen Gipfeln hin und her geworfen wird. Berge symbolisieren Stärke, Macht und Standhaftigkeit, auch das Erreichen großer geistiger Höhen, denn sie streben in die Lüfte, dem Himmel entgegen. Blitz und Donner sind traditionelle Bilder für aufwallende Kraft, Erleuchtung und die Offenbarung göttlicher Angelegenheiten. Donner erweckt unser wahres Selbst und schürt unsere ursprünglichen, tiefen Emotionen. Berg und Gewitter zusammen stehen für gewaltige Macht, Vitalität und Stärke.

Die Botschaft des Berggewitters lautet:

◆ ◆ ◆

»Jetzt ist es so weit: Aktiviere deine Kräfte, und rufe dein ganzes Potenzial ab. Womöglich wirst du dabei nicht frei von Angst sein. Auch wenn du unsicher bist, solltest du dennoch handeln. Sei mutig, erhebe deine Stimme. Beziehe Stellung, stehe für dich selbst und für andere ein. Zeige deine Leidenschaft, lehre aus dem Herzen. Schreibe, und deine Worte werden von großer Bedeutung sein. Nimm die Körperhaltung eines unglaublich tapferen, wagemutigen und edlen Menschen ein, die einer Heldin bzw. eines Helden – denn letztlich bist du das.«

◆ ◆ ◆

BLAUE STUNDE

LOSLASSEN

Wenn die Sonne hinter dem Horizont versinkt und sich die Rot- und Orangetöne am Himmel zu Flieder- und tiefen Violetttönen der heraufziehenden Nacht wandeln, dann ist der Tag zu Ende. Der Sonnenuntergang verkündet den Beginn eines neuen Zyklus. Und wenn die Sterne aus dem samtenen Himmelsdach hervortreten, tauchen wir in die dunkle Welt des Ungewissen ein, in der die Magie und auch das Mysterium des Lebens über uns zu schimmern scheinen. Zu bedauern, dass der Tag vergangen ist, würde bedeuten, die Herrlichkeit des Sternenhimmels zu verkennen.

Die Botschaft der blauen Stunde lautet:

◆ ◆ ◆

»Es ist menschlich, an der Vergangenheit festzuhalten, an unseren Erinnerungen, Erfahrungen und Beziehungen. Jedoch kann es dadurch passieren, dass wir so viel Vergangenes mit uns herumtragen, dass wir die Gegenwart nicht vollständig wahrnehmen können. Auch ist nicht gesagt, dass sich Zukünftiges an Vergangenem misst: Nur weil es in der Vergangenheit ein Verhaltensmuster oder eine wiederkehrende Herausforderung gab, bedeutet das nicht, dass sie künftig erneut da sein wird. Die einfachste Lösung ist: Sei bereit und willens, den Einfluss, den die Vergangenheit auf dich ausübt, vollständig abzustreifen. Das Vergangene ist vergangen, und es ist in Ordnung, loszulassen. Wenn du ganz im Hier und Jetzt aufgehst, wird es dir gelingen. Sieh, höre, rieche, schmecke, ertaste und nimm auch auf energetischer Ebene ganz bewusst deine Gegenwart wahr. Dann wird die Vergangenheit verschwinden und das Jetzt in Herrlichkeit erscheinen.«

◆ ◆ ◆

BLAUER SCHMETTERLING

TRANSFORMATION

Wie kaum ein anderes Lebewesen steht der Schmetterling für Transformation, Wiedergeburt und Auferstehung. Wenn sich eine Raupe verpuppt, verwandelt sie sich nicht direkt in einen Schmetterling, sondern zunächst in eine Art »Zellbrühe«. Anders gesagt: Sie verflüssigt sich … und aus dieser Masse entsteht etwas völlig Neues – eine wahrhaftige Transformation. Bei einigen Völkern werden die »Bläuling« genannten blauen Schmetterlinge für Zeichen großen Glücks und sogar Erfüller von Wünschen erachtet. Bei den Stämmen der indigenen amerikanischen Völker glaubt man, dass ein Wunsch, der einem Schmetterling zugeflüstert wird, in Erfüllung geht, wenn dieser sich in die Lüfte erhebt. Der indianische Schultertuch-Tanz, mit dem die Erneuerung des Lebens gefeiert wird, geht auf den Tanz der Schmetterlinge zurück. Die Farbe Blau steht für Stille, Frieden und geistige Einstimmung, und der Bläuling vereint alle diese Bedeutungen in sich.

Die Botschaft des blauen Schmetterlings lautet:

◆ ◆ ◆

»Jetzt ist die Zeit für Wandel, Neuerfindung oder Wiedergeburt in eine andere Daseinsform. Warst du zuletzt in deinem Alltagstrott gefangen, so solltest du Maßnahmen ergreifen. Stelle dich der Veränderung nicht entgegen. Die blaue Farbe verheißt eine geistige Erneuerung oder Weihe. Transformation bedeutet nicht, etwas Altes zu nehmen und es neu zu gestalten, ein paar Details zu verändern. Transformation bedeutet, jemand oder etwas völlig anderes zu werden – oder Dinge auf ganz neue Weise zu tun. Wandel ist häufig unangenehm, aber dient in der Regel dem höheren Wohl. Es kann sein, dass dich bald großes Glück und die Erfüllung eines Wunsches erwarten.«

◆ ◆ ◆

BRACHLAND
SORGFALT

Traditionell wurden landwirtschaftliche Flächen immer wieder für größere Zeiträume brach gelegt, also nicht bebaut. So sollte es dem Boden ermöglicht werden, sich zu regenerieren und seine Nährstoffe wieder ins Gleichgewicht zu bringen. Dies geschah auch, um Seuchenzyklen zu durchbrechen und den Wildtieren einen Rückzugsraum zu schaffen. Felder brach liegen zu lassen, bewirkte, dass die anschließenden Ernten ertragreicher und besser waren. Sich auf diesen altehrwürdigen Vorgang einzulassen, erfordert Geduld und Sorgfalt, aber die Ergebnisse rechtfertigen die Wartezeit.

Die Botschaft des Brachlandes lautet:

* * *

»Manchmal ist es angebracht, hervorzutreten und Wagnisse einzugehen. Jetzt aber heißt es für dich, geduldig zu sein, deine Schritte langsam und vorsichtig zu setzen – in dem Wissen, dass es sich aufgrund des zu erwartenden Nutzens lohnen wird. Sei aufmerksam, sorgfältig und beharrlich. Nutze diese Zeit, um zukünftige Handlungen zu planen. Setze jeden Schritt, den du vorwärts gehst, bedacht und konsequent. Auf diese Weise wirst du in den kommenden Jahren bemerkenswerte Ergebnisse erzielen, deine Sorgfalt wird sich zehnfach bezahlt machen. Es ist nicht die Zeit für einen sofortigen Lohn deiner Mühen, sondern für durchdachte Planung. Putze, räume auf, und entrümple dein Leben. Überlege, wie du deine Zeit verbringst, und entscheide kritisch, mit wem du sie teilst. Lasse Beziehungen hinter dir, die nicht förderlich für dich sind.«

* * *

BUCKELWAL
REISE

Kein anderes Säugetier unternimmt so weite Reisen wie der Buckelwal. Jährlich legt er 22000 Kilometer zurück. Buckelwale verbringen die Sommermonate in polaren Meeren, und für das Winterquartier schwimmen sie Richtung Äquator in tropische Gewässer. Bei einigen Stämmen der indigenen Völker gelten Wale als Beschützer der Reisenden und Seefahrer und als Wächter der Meere.

Die Botschaft des Buckelwals lautet:

◆ ◆ ◆

»Mache dich bereit, denn dir steht eine Reise bevor. Es könnte eine innere Reise oder eine Reise in der äußeren Welt zu einem entfernten Land sein. Es könnte sich um ein Projekt oder eine Idee handeln, die Gestalt annimmt. Wahrscheinlicher jedoch bist du eine Abenteuerin bzw. ein Abenteurer, die oder der unerschrocken ins Ungewisse aufbricht. Wohin soll es gehen? Was wolltest du schon immer tun, wer schon immer sein? Jetzt ist die Gelegenheit, es umzusetzen. Sei vorbereitet. Entwickle eine genaue Vorstellung davon, was du erleben möchtest. Wappne dich auch für das Unerwartete, denn dies gehört mit zur Hochstimmung der Reisenden. Denke daran, dass dir Beschützerinnen und Beschützer zur Seite stehen, wohin und aus welchen Gründen auch immer du unterwegs bist. Genieße beides, sowohl die Reise als auch das Erreichen des Ziels.«

◆ ◆ ◆

DICHTER NEBEL

GEDULD

Wasser symbolisiert Emotionen und Gefühle, das Unterbewusstsein und die nächtlichen Träume. Wenn es zu Dunst wird, nimmt es uns die klare Sicht. Nebel bildet sich dann, wenn feuchte Luft so weit abkühlt, dass sie nicht mehr allen Wasserdampf tragen kann, den sie transportiert hat. Dieser schlägt sich als Dunst nieder. Im Nebel können wir nicht mehr sehen, was vor uns liegt, und Dinge erscheinen anders als im Licht. Geschieht es, dass wir den Horizont nicht mehr wahrnehmen können, werden unsere Vorstellungskraft und der sechste Sinn beflügelt.

Die Botschaft des dichten Nebels lautet:

❖ ❖ ❖

»In dichtem Nebel ist es das Beste, ruhig und still zu werden. Gehe nicht weiter, warte ab. Es ist schwer, den Weg vorauszusehen, außerdem können manche Dinge anders wirken, als sie sind, sogar völlig gegensätzlich. Sei geduldig, denn die Wahrheit wird sich zeigen. Bei eingeschränkten Sichtverhältnissen werden deine Vorstellungskraft und deine Intuition befeuert. Wartest du lange genug, dann können deine Träume und tiefsten Sehnsüchte Früchte tragen. Lausche deiner inneren Stimme, und achte auf scheinbar zufällige Gedanken.«

❖ ❖ ❖

DOPPELTER REGENBOGEN

WUNDER

Nach einem Unwetter erscheint der Regenbogen. Wo auch immer wir gerade sein mögen, in dem Moment, wenn die vielfarbige Brücke am Himmel erscheint, bleiben wir meist stehen und schauen sie stauend an. Die einen sehen in Regenbogen Botschaften des Schöpfers, die anderen ein physikalisches Phänomen der Lichtbrechung. Unabhängig von der Erklärung lösen sie seit jeher Staunen in den Herzen und Seelen der Menschen aus. In vielen Überlieferungen gilt ein Regenbogen als Segnung durch den Schöpfer – und ein doppelter Regenbogen bedeutet zweifachen Segen.

Die Botschaft des doppelten Regenbogens lautet:

»Die Stürme der Vergangenheit sind vorübergezogen, und nun werden deine Träume wahr! Was auch immer geschehen ist, die Zukunft hält Wunder im Überfluss für dich bereit. Gutes Geschick, himmlische Schönheit und innere Göttlichkeit wachsen in dir. Vertraue darauf, dass dein Leben behütet ist. Glaube daran, dass das Universum gütig ist, und dir wird eine Himmelsbrücke erscheinen. Tue etwas für deine Gesundheit, arbeite an deiner Karriere, oder beginne eine neue Beziehung, und Gutes wird dir widerfahren. Segnungen breiten sich überallhin aus. Habe Vertrauen, dass dir das Beste zusteht – weil es so ist. Dir strömen Gewinne, Freude, Segen und Wunder zu.«

ERNTEMOND
ENTSPANNUNG

In einer warmen und friedlichen Herbstnacht dämpft ein zarter Schleier das Licht des Vollmonds. Die Gesänge der Nachtvögel erheben sich sanft durch die Dunkelheit, und im Hintergrund erklingt das volltönende Quaken der Frösche, die sich am Ufer des Sees versammelt haben. Diese andächtige Atmosphäre bringt deine Sinne zur Entfaltung. Du atmest die feuchte, erdige Luft ein, lauschst den verschiedenen nächtlichen Geräuschen, betrachtest den matten Widerschein des Mondes auf dem See und spürst die tiefe Ruhe der Nacht. Der Vollmond zur Zeit der Herbst-Tagundnachtgleiche wird »Erntemond« genannt. Er steht dafür, dass alles, wofür du gearbeitet hast, nun Früchte trägt. Das bedeutet: Du kannst deine Füße hochlegen, dich entspannen und loslassen.

Die Botschaft des Erntemondes lautet:

◆ ◆ ◆

»Entspanne dich, alles ist gut. Es ist nicht nötig, dass du dich anstrengst und abmühst, um voranzukommen. Unter der Oberfläche des Lebens treiben dich alle Energien sanft in die richtige Richtung. Du kannst deine Bürden ablegen und die Seele baumeln lassen. Entschleunige, und gestatte, dass Ruhe einkehrt. Wenn du dich entspannst und die Kontrolle loslässt, dann weitet sich deine Intuition, und du erschaffst in dir den Raum, der es deinen Wächterwesen erlaubt, dir zu helfen. Hinzu kommt, dass du wesentlich leichter Heilung und positive Ergebnisse erreichen wirst, wenn du ausgeruht und nicht mit Sorgen und dem Bedürfnis, die Dinge zu kontrollieren, beladen bist. Lehne dich zurück, strecke dich, und sieh zu, wie die Magie Einzug in dein Leben hält.«

◆ ◆ ◆

FELSIGE MEERESKÜSTE

MUT

Wieder und wieder branden die Wellen gegen die zerklüftete Meeresküste. Die uralten Felsen begegnen dennoch jedem Sturm mit Stärke und Widerstandskraft. Sie sind unermesslich mächtig und halten stand, gleich, ob die Wellen sanft oder von einem heftigen Sturm gegen sie getrieben werden. Sie wanken nie.

Die Botschaft der felsigen Meeresküste lautet:

◆ ◆ ◆

»Aus der Tiefe deines Wesens erhebt sich ein unbeirrbarer und leidenschaftlicher Mut. Du kannst allem entgegentreten und allem standhalten. Du bist eine Kriegerin bzw. ein Krieger des Lichts. Tritt hervor mit breiter Brust, und stehe enthusiastisch für dich selbst ein. Erhebe deine Stimme für diejenigen, die weniger Glück im Leben haben. Sei untadelig in all deinen Handlungen. Jetzt ist nicht die Zeit, zurückhaltend zu sein und klein beizugeben. Lasse dich nicht von den Glaubenssätzen anderer einschränken. Nutze deine Leidenschaft, um einen Unterschied zu bewirken. Mutig sein bedeutet nicht, keine Angst zu haben, sondern, sich nicht von ihr hemmen zu lassen. Nimm deine Angst an, und schreite trotzdem zur Tat. Setze ein Zeichen. Du bist stark und mächtig und trägst große Tapferkeit in dir.«

◆ ◆ ◆

FEUERHELLE HÖHLE
SICHERHEIT

Vor langer, langer Zeit suchten unsere Vorfahren Schutz in Höhlen. Dort konnten sie den Unbilden des Wetters entfliehen und sich vor Feinden und Raubtieren in Sicherheit bringen. Eine Höhle war ein geschützter Ort, an dem man Nahrung zubereiten, schlafen, Heilung erlangen und die Gemeinschaft pflegen konnte. Dort fanden auch heilige spirituelle Zeremonien statt, wie Höhlenmalereien und Altäre, die auf Felsvorsprüngen errichtet wurden, belegen. Auf der Symbolebene waren Höhlen geheime Zugänge zur Unterwelt, in den heiligen Schoß von Mutter Erde und in das heilige Herz. Darüber hinaus waren sie Energieportale für Schamaninnen, Seher und andere, die die Geistigen Welten erforschten.

Die Botschaft der feuerhellen Höhle lautet:

* * *

»Du bist wohlbehalten und in Sicherheit. Was auch immer gerade in deinem Leben geschieht, du bist in guten Händen. Die Wesen der Geistigen Welt wachen über dich, du kannst dich entspannen. Sobald du Maßnahmen ergriffen hast, um dich und deine Lieben zu beschützen, etwa, indem du sichergestellt hast, dass jeder im Auto angeschnallt ist, die Versicherungen pünktlich bezahlt wurden oder der Rauchfilter des Kamins ausgetauscht ist, dann lasse los. Solltest du zuletzt übervorsichtig gewesen sein, mache eine Pause davon. Entspanne dich – in die Gewissheit hinein, dass alles gut ist. Du darfst dem Schöpfer die Kontrolle überlassen.«

* * *

FLUSSAUE

ANNEHMEN

Eine Flussaue ist ein natürliches Phänomen: Land, das an einen Fluss angrenzt, wird weithin überflutet, wenn dieser Hochwasser führt. Auf diese Weise stehen Gebiete, die sonst trocken sind, womöglich für längere Zeit unter Wasser – und dadurch werden Schlamm, Sand und Nährstoffe im Boden eingelagert. Deshalb sind Flussauen meist sehr fruchtbare Gegenden mit einem vielfältigen Ökosystem, die einen reichen Ertrag erbringen. Sie fördern die Entwicklung des Lebens in allen Bereichen.

Die Botschaft der Flussaue lautet:

◆ ◆ ◆

»Manchmal fließt das Leben vor Emotionen über, und das kann sich unangenehm anfühlen. Jedoch kann das Ergebnis dieser Unannehmlichkeit von großem Wert sein, auch wenn nicht zu erkennen ist, wie es zustande gekommen ist. Wertschätze ein Zuviel an Emotionen, und nimm etwaige trübe wirkende Zeiten an, denn sie regenerieren die Landschaft deiner Seele. Ein großes spirituelles und materielles Wachstum wird folgen. Wenn du alle deine Emotionen akzeptierst, werden Wohlstand und Fruchtbarkeit umso reicher in dein Leben fließen. Vielleicht bemerkst du auch, dass deine Emotionen derzeit blockiert sind. Dann ist jetzt die Gelegenheit, sie eingehend zu erforschen.«

◆ ◆ ◆

GEFRORENE TUNDRA

STILLE

»Tundra« bezeichnet einen kahlen und rauen Landschaftstyp, der sowohl auf der Nord- als auch auf der Südhalbkugel vorzufinden ist. In der Regel gibt es dort kaum Gewächse oder Tiere, höchstens niedrig wachsende Pflanzen wie Moose oder Flechten. Die Erde ist das ganze Jahr über gefroren, weshalb in dieser unwirtlichen Gegend keine Bäume bestehen können. Im Winter ist es extrem kalt und dunkel, und heftige Winde fegen über das trostlose Land. Auch im Sommer bleibt die Tundra in der Tiefe gefroren, aber an ihrer Oberfläche kann sie sumpfig werden und zahlreiche Teiche und Seen, Sümpfe und Moore ausbilden, die Rückzugsgebiete für Abermillionen von Zugvögeln sind.

Die Botschaft der gefrorenen Tundra lautet:

◆ ◆ ◆

»Nimm eine Auszeit von einem Projekt, einer Begebenheit oder einer Beziehung, und sei es nur für ein paar Augenblicke. Entschleunige, atme, werde still. Gehe in dich, und lausche deiner inneren Stimme. Verbinde dich in aller Ruhe mit deinen geistigen Ratgeberinnen, Wächtern und Ahnen. Höre auf dein Höheres Selbst. Timing ist jetzt sehr wichtig. Dies ist kein guter Moment, einen neuen Zyklus zu beginnen. Warte, und lasse die Dinge reifen. Setze instand, was beschädigt wurde. Heile, was nicht gesund ist. Durchdenke deine Angelegenheiten. Schlage Brücken. Vergib dir selbst und anderen. Wirkt eine Begebenheit auf dich öde oder gar trostlos, halte durch. Wie Zugvögel im Sommer neues Leben in der sumpfigen Tundralandschaft vorfinden, so wirst auch du im Tauwetter deines Lebens zu neuem Wachstum erwachen.«

◆ ◆ ◆

GEHEIMNISSE DES MONDES

OFFENHEIT

Die Zyklen des Mondes beeinflussen unser gesamtes Leben. Seine wiederkehrende, »magnetische« Anziehungskraft auf das Wasser unseres Planeten bestimmt die Gezeiten. Ebenso beeinflussen seine Phasen die weibliche Periode. Es ist kein Zufall, dass der Zyklus des Mondes und der der Frau ungefähr gleich lang dauern. Die naturnah lebenden Frauen indigener Völker hatten nicht selten zu Neumond ihre Menstruation und zu Vollmond ihren Eisprung. Die Monatsblutung galt als eine Zeit, in der die Frau still sein, ihre alltäglichen Arbeiten beiseitelegen und sich erholen musste. Für alle Menschen war die Zeit des Neumonds die Gelegenheit, Ideen zu ersinnen, nächtliche Träume auf Zeichen hin zu betrachten und zur Ruhe zu kommen. Heute, in unserer modernen Zeit, schenken wir diesen natürlichen Zyklen kaum noch Beachtung, und auf diese Weise berauben wir uns einer wertvollen Gelegenheit zur Regeneration.

Die Botschaft der Geheimnisse des Mondes lautet:

»Mache dich bereit, Zeichen zu empfangen. Werde still, tue nichts. Sei offen, und atme. Entspanne dich ganz und gar, und brüte deine Zukunftsträume aus. Bevor du eine Entscheidung fällst, nimm dir Zeit, nach Zeichen Ausschau zu halten und dem Geflüster des Universums zu lauschen. Achte darauf, ob deine Träume Hinweise auf die Begebenheit enthalten. Werde ein heiliger Seher. Betrachte das Leben, wie es sich entwickelt, statt dich selbst darin zu verwickeln. Sei offen für mögliche Überraschungen des Universums und empfänglich für Botschaften deiner Seele. Vielleicht werden dir auch himmlische Wunder angekündigt, die aus unerwarteter Richtung in dein Leben treten wollen.«

GEWALTIGER WASSERFALL

ABENTEUER

Wasser ist in der Regel ein Sinnbild für Emotionen. Und fließendes Wasser entspricht Emotionen in Bewegung, es steht für Loslassen und Befreiung. Wasser ist auch ein Zeichen für Spiritualität, und Wasser in Bewegung kann geistige Verjüngung, Regeneration und Erneuerung bedeuten. Wasser, das aus großer Höhe hinabfällt, etwa das eines gewaltigen Wasserfalls, verstärkt jedwede Bedeutung des Wassers. Die Kraft fließenden Wassers lässt keinen Stillstand im Leben zu: Sie sorgt für neue Erfahrungen und Abenteuer in deinem Leben.

Die Botschaft des gewaltigen Wasserfalls lautet:

◆ ◆ ◆

»Etwas, was dich mit Begeisterung erfüllen wird, wartet hinter der nächsten Biegung auf dich. Du betrittst ein neues Reich, das mit Energie zur Entfaltung angefüllt ist. Nimm deine Umgebung auf neue, andere Weise wahr. Etwas, was dir ursprünglich gewöhnlich erschien, oder jemand, den du bislang wohl übersehen hast, wird dir ein Tor zu neuen Möglichkeiten und zu einem erfüllten, größeren Leben öffnen. Sei bereit für diese neuen Perspektiven, lasse dich nicht von Selbstgefälligkeit einlullen. Sei nun bereit, deine Scheuklappen abzulegen und das Heft des Handelns zu ergreifen, auf dass Stillstand und Langeweile nicht Einzug in dein Leben halten. Vielleicht stehen dir auch eine bedeutsame spirituelle Weihe und geistige Reisen bevor.«

◆ ◆ ◆

GRÜNE HÜGELLANDSCHAFT
VORANGEHEN

Die Gräser sind eine der größten Pflanzenfamilien der Erde. Seit den frühesten Tagen der Menschheit spielen Gräser eine wichtige Rolle im Leben: Wir essen Gräser, zum Beispiel Hafer, Gerste und Weizen. Sie sind eine der wichtigsten Nahrungsquellen. Wir füttern auch unsere Tiere mit Gras, decken damit Dächer, wir laufen, veranstalten ein Picknick oder haben Sex darauf. Das Geflecht seiner Wurzeln verhindert Erosion, sein üppiges und schnelles Wachstum produziert Unmengen von Sauerstoff. Seit frühen Zeiten symbolisiert Gras Wachstum, Produktivität, Wohlstand, Erfüllung und neue Ideen.

Die Botschaft der grünen Hügellandschaft lautet:

◆ ◆ ◆

»Dir stehen Fruchtbarkeit, Produktivität, Liebe, Gesundheit, Fülle und Erfüllung ins Haus. Vieles in deinem Leben ist im Wachsen und Gedeihen begriffen. Gehe weiterhin voran! Es kann schnell geschehen, dass du von den Dingen, die sich um dich herum ereignen, abgelenkt wirst – es ist jedoch wichtig, dass du dich nicht davon abhalten lässt, deine Erträge einzufahren. Tritt hervor, und sei dir gewiss, dass deine Bedürfnisse erfüllt werden. Alles in deinem Leben vermehrt und intensiviert sich auf optimale Weise zu deinem Besten.«

◆ ◆ ◆

HECKENROSE
LIEBE

Die Rose ist ein universelles Symbol der Liebe. Im antiken Griechenland wurde sie mit Aphrodite, der Göttin der Liebe und Schönheit, in Verbindung gebracht und auch als Zeichen der Wahrheit angesehen. Daher wurden zur Zeit der Römer Versammlungsorte mit Rosen geschmückt, denn man glaubte, dass unter diesem Wahrzeichen nur aufrichtig gesprochen werden konnte. Bei vielen Stämmen der indigenen amerikanischen Völker gelten Heckenrosen als kraftvolles Symbol des Lebens. Manche glaubten auch, dass Heckenrosen Schutzkräfte zu eigen wären, weshalb sie im Zuhause kultiviert wurden. Im Gegensatz zu gezüchteten Rose gelten Heckenrosen als Zeichen einer Liebe, die wild und frei und ungebunden ist. Sie blühen den ganzen Sommer lang und sind bei Bienen und Schmetterlingen heiß begehrt.

Die Botschaft der Heckenrose lautet:

◆ ◆ ◆

»Liebe ist überall um dich herum und tritt jetzt in dein Leben. Du wirst möglicherweise bereits mehr geliebt, als dir bewusst ist. In der Tat bist du ein geweihtes Gefäß der Liebe, und sie durchströmt dich, wenn du im Mittelpunkt der Dinge stehst. Alles ist gut, unabhängig davon, was um dich herum geschieht. Du bist dir bewusst, dass du geliebt wirst und liebenswert bist – und dass du nichts tun musst, um diese Liebe zu verdienen. Du bist gut genug, genau so, wie du bist. Der Schöpfer ist reine Liebe, und in der Tiefe deiner Seele bist du es auch. In romantischen Dingen und deinen Herzensangelegenheiten ist alles in Heilung begriffen oder bereits geheilt. Was deine Selbstliebe angeht, so werden deine Zufriedenheit und dein Selbstvertrauen in dem Maß zunehmen, in dem du dir Zeit nimmst, dich um dich selbst zu kümmern und dir Liebe zu schenken.«

◆ ◆ ◆

HEILIGE INSEL

EINSAMKEIT

Inseln sind Landstücke, die von Wasser umgeben sind. Einige liegen in einem Atoll oder in einem Fluss, doch die meisten im Meer. Manche sind klein und öde, manche sind groß und verfügen über ein eigenes, einzigartiges und üppiges Ökosystem. Inseln können flach sein oder gebirgig. Sie können eine Abtrennung vom Festland infolge von Erosion sein oder infolge vulkanischer Aktivität aus dem Meer emporgestiegen. Allen Inseln gemein ist das Thema »Abgeschiedenheit«, und viele Völker messen bestimmten Inseln besondere mystische Bedeutung zu. Einige gelten als Rückzugsort von Göttern und werden deshalb für heilige Zwecke genutzt.

Die Botschaft der heiligen Insel lautet:

◆ ◆ ◆

»Verbringe einige Zeit allein. Das kann bedeuten, deine eigenen Entscheidungen zu treffen, statt dich auf das Urteil und Anweisungen anderer zu verlassen. Setze dich von der Masse ab, kümmere dich um dich selbst. Mögliche Themen sind ›Selbstzufriedenheit‹, ›Selbstständigkeit‹, ›Eigenverantwortung‹ und ›Durchsetzung der Individualität‹. Wenn du gerade an einem Projekt arbeitest, vertraue deinen Instinkten und folge deiner eigenen Führung. Deine Kreativität ist auf ihrem Höhepunkt, lasse sie fließen. Solltest du dich in einer Kräfte raubendenden Beziehung befinden, so kann es an der Zeit sein, Abstand zu nehmen und dein Leben neu zu ordnen. In der Einsamkeit wirst du wachsen. Vielleicht wirst du einen sicheren Rückzugsort, einen heiligen Schoß aufsuchen oder in die Selbsttransformation gehen.«

◆ ◆ ◆

HEILIGE QUELLE
SEGNUNGEN

In vielen Kulturen des Altertums glaubte man an die Existenz heiliger Quellen. Die Menschen dachten, dass Göttinnen und Götter sich daran oder in der Nähe aufhielten, weshalb diese besonderen Stätten in Ehren gehalten wurden. In der griechischen Mythologie gibt es zahllose Geschichten über solche besonderen Orte. Viele von den Christen als heilig erachtete Quellen, zum Beispiel Chalice Well, wurden, schon lange Zeit bevor das Christentum an Bedeutung gewann, für heilige Zwecke genutzt. Sie galten als von mystischen Wesenheiten gesegnete Heilquellen.

Die Botschaft der heiligen Quelle lautet:

◆ ◆ ◆

»Unermessliche Segnungen fließen dir aus der Geistigen Welt zu: Engel, geistige Ratgeberinnen und Wächter beschützen dich. Die Engel werden jederzeit eingreifen, wenn du sie darum bittest. Sei offen für die Stimme des Göttlichen. Überall um dich herum sind Botschaften. Du bist beschützt und sicher. Vertraue darauf, dass dein Weg geführt sein wird. Halte Ausschau nach Zeichen, die dir die Gegenwart von Wesenheiten der Geistigen Welt verkünden. Auf wundersamen Wegen fließen dir auf allen Ebenen heilende Energien zu, die dich vitalisieren und regenerieren.«

◆ ◆ ◆

HERAUFZIEHENDE STURMWOLKEN

TATKRAFT

Bist du jemals draußen gewesen, wenn ein Sturm heraufzog? Es gibt dir das Gefühl, energetisiert und lebendig, vielleicht sogar ein wenig high zu sein, als ob dein Körper vom Sturm mit Energie und Vitalität versorgt würde. Die Spannung der Atmosphäre baut sich im wahrsten Sinne des Wortes auf, und dein Körper spürt das. Stürme sind notwendig, um das Land zu regenerieren und zu erfrischen. Sie mögen zerstörerisch und gefährlich wirken, sie können Schäden verursachen, aber ohne Stürme gäbe es keine Erneuerung und Erholung des Planeten. Sobald du die tiefere Bedeutung der Energie der Stürme erfassen und in deinem Körper und deinem Leben zulassen kannst, bist du allzeit bereit, zur Tat zu schreiten, wenn es erforderlich ist.

Die Botschaft der heraufziehenden Sturmwolken lautet:

◆ ◆ ◆

»Eine Veränderung zieht herauf. Jetzt. Zögere nicht. Stelle dich deiner Angst. Tue es, auf jeden Fall. Wenn sich große Veränderungen am Horizont abzeichnen, ist es an der Zeit, zur Tat zu schreiten. Natürlich gibt es Zeiten, zu denen es angebracht ist, vorsichtig und sorgfältig deinen nächsten Schritt zu erwägen – aber nicht jetzt. Nun musst du sofort in Aktion treten. Sieh nach vorn, mit einem klaren und festen Blick, und gehe voller Klarheit, Bestimmung, Kraft und Anmut deinen Weg. Belebe deinen Geist jetzt mit Entscheidungen. Es ist nicht erforderlich, dass du dir über eine Entscheidung hundertprozentig sicher bist, denn im Moment kommt es darauf an, überhaupt Entscheidungen zu treffen.«

◆ ◆ ◆

HERBSTLEUCHTEN

BEFREIUNG

Kühlere Tage und der Wechsel der Farben der Blätter markieren den Übergang vom Sommer zum Herbst. Frische Winde spielen wild mit den roten, orangen und gelben Blättern, die tanzend auf die feuchte, dunkle Erde hinabsinken. Sonnenlicht fällt beständig durch ein Dach lebhaft bunter Blätter und erschafft so ein herbstliches Leuchten. Im großen Zyklus des Lebens ist der Herbst die Zeit des Loslassens. Und wie der Frühling die Zeit neuen Werdens und der Sommer die Zeit des Wachstums ist, so ist der Herbst die Zeit der Ernte. Er bietet die Gelegenheit, die innere Reise in den regenerierenden und erneuernden Winter zu beginnen.

Die Botschaft des Herbstleuchtens lautet:

◆ ◆ ◆

»Es ist Zeit, loszulassen und die Dinge anzunehmen, wie sie sind. Verabschiede dich von Umständen, Menschen und Gegenständen, die dir nicht mehr dienlich sind. Lege alte und überholte Glaubenssätze ab, die dich beschränken. Reiße alles, was nicht du bist, von dir herunter, bis du schließlich deinen wahren Kern freigelegt hast. Klammerst du dich an das Alte, dann wird es für das Neue schwer, in dein Leben zu finden. Entrümple dein Zuhause und deine Lebensumstände. Wenn du etwas nicht magst oder benutzt, dann ist es vermutlich unnützes Zeug. Entsorge es. Außerdem ist jetzt eine gute Gelegenheit, zu entgiften. Um für das Neue bereit zu sein, ist es erforderlich, dich vom Alten zu befreien.«

◆ ◆ ◆

HOCHPLATEAU
WAGEMUT

Ein Hochplateau ist eine große ebene Landschaft, die bedeutend höher als ihre Umgebung liegt. Mindestens eine, meist zwei der Seitenwände sind schroff und steil. Typischerweise entsteht ein Hochplateau durch emporquellendes Magma, plattentektonische Aktivität oder auch Erosion. Einige indigene Völker beschreiben Hochebenen als »Tepui«, was »Haus der Götter« bedeutet. Wenn du am Rand einer der schroffen Steilwände stehst, wirst du wahrnehmen, dass du dich tatsächlich an einem himmlischen Ort befindest.

Die Botschaft des Hochplateaus lautet:

◆ ◆ ◆

»Es ist an der Zeit, die gewohnten Bahnen deines alltäglichen Lebens zu verlassen. Gehe ein paar Wagnisse ein, und stelle dich deinen Ängsten. Mache etwas auf neue, vielleicht ungewöhnliche Weise. Höre häufiger auf deine innere Stimme als auf die Meinungen anderer. Statt vor eventuellen Fehlschlägen wegzurennen, stelle dich ihnen entgegen und nimm ihre Chancen an. Die Geschichte hat gezeigt, dass diejenigen, die bereit sind, sich auf Fehlschläge einzulassen, später häufig großen Erfolg haben.«

◆ ◆ ◆

KLIPPENSCHWALBE

FREIHEIT

Eine Schwalbe fliegt frei auf den Windströmungen und der Thermik. Ihre Manöver in der Luft sind beeindruckend und erfüllen den Ausdruck »frei wie ein Vogel« mit Leben. In vielen Kulturen, zum Beispiel im alten Ägypten, glaubte man, dass Schwalben die Seelen Verstorbener in den Himmel trügen. Jeder Seemann ließ sich den Vogel als Tattoo stechen, damit im Fall des Ertrinkens seine Seele durch diese Schwalbe gerettet würde. Bei Dämmerlicht wirkt das Federkleid einer Klippenschwalbe bräunlich grau, bei hellem Licht dagegen schimmert es in einem dunklen Metallicblau. Üblicherweise errichten Klippenschwalben ihre Nester an senkrechten Klippen, sie bauen sie sorgfältig aus Lehm. Wenngleich sie auch vereinzelt nisten können, leben sie meist in Kolonien. Wenn eine Schwalbe einen Schwarm Insekten sichtet, benachrichtigt sie die übrigen Vögel, damit alle Nahrung finden können. Die Schwalbe ist unabhängig, zugleich erfährt sie in der Gemeinschaft Unterstützung.

Die Botschaft der Klippenschwalbe lautet:

◆ ◆ ◆

»Zögere nicht, dein wahres Selbst zu zeigen. Mache dich frei, und lasse deine Seele fliegen. Triff Entscheidungen, die deine Freiheit mehren. Lasse dich nicht in Fesseln legen. Lache, tanze, lebe – und verhalte dich unberechenbar. Wage etwas, lege Beschränkungen ab. Entdecke deine Flügel, und unterstütze andere darin, ihre zu entdecken. Du bist nicht hier auf Erden, um gewöhnlich zu sein und ein alltägliches Leben zu führen, sondern, um Grenzen und selbst auferlegte Beschränkungen hinter dir zu lassen. Lasse dich nicht einfangen von Konventionen oder dem Bedürfnis, anderen zu gefallen. Lebe nach deinen Vorstellungen, und akzeptiere keine Regeln, die sich für dich nicht richtig anfühlen. Du kannst unglaublich frei und zugleich Teil einer liebevollen, unterstützenden Gemeinschaft sein.«

◆ ◆ ◆

LEUCHTENDER SONNENAUFGANG

NEUANFANG

Die Sonne ist das stärkste Symbol für das Leben. Mehr als eine Million Mal könnte sie den Planeten Erde in sich aufnehmen. Zudem ist sie für das Klima und das Wetter der Erde verantwortlich. In den Kulturen des Altertums stand die Freigiebigkeit der aufgehenden Sonne für Hoffnung und dafür, dass das Leben immer wieder neu beginnt. Die Sonne ist das Zeichen für Geburt und Wiedergeburt, außerdem für Wiederauferstehung und umfassendes spirituelles Erwachen. Sie steht für das Ende der Dunkelheit, die Rückkehr des Lichts und den Beginn eines neuen Zyklus. Die aufgehende Sonne ist das ultimative Symbol des Yang, für wachsende Kraft und Aktivität.

Die Botschaft des leuchtenden Sonnenaufgangs lautet:

* * *

»Dein Leben gedeiht auf vielerlei wundersame Art und Weise. Neue Erlebnisse und Ideen entstehen, Vitalität und weitreichende Möglichkeiten stehen bereit. Carpe diem – nutze den Tag! Dies ist der perfekte Augenblick, um ein neues Projekt zu starten oder einer jungen Idee Leben einzuhauchen. Timing ist alles. Erfolg erwartet dich. Alles, wirklich alles ist jetzt möglich. Du bist eine leuchtende und strahlende Erscheinung, und in dir ist ein Licht, das von allen wahrgenommen werden kann.«

* * *

LIED DES WINDES
WAHRHEIT

Der Wind gehört dem Reich der Luft an, das eines der vier Elemente des Lebens ist (neben Wasser, Feuer und Erde). Luft manifestiert sich als Sauerstoff, den wir einatmen, und als Windhauch und sanfter Strom. Sie symbolisiert unsere Fähigkeit zur Sprache. Wenn wir reden, ist es die unserem Mund entströmende Luft, die das Sprechen und die Kommunikation gelingen lässt. Wind entspricht dem Prana, der Lebensenergie. Wenn du deine Wahrheit verkündest, dir und anderen gegenüber, dann wirst du bemerken, wie dir dadurch neue Energie und Vitalität erwachsen.

Die Botschaft des Liedes des Windes lautet:

◆ ◆ ◆

»Sei aufrichtig zu dir selbst, und sprich aus deinem Herzen heraus. Entdecke deine Wahrheit. Achte darauf, inwieweit andere ehrlich und authentisch sind. Es ist eine der größten Herausforderungen, zu wissen, was stimmt und was nicht. Zuweilen erfordert es absolute Stille, die Stimme deiner inneren Wahrheit zu vernehmen. Sobald du sie einmal gefunden hast, solltest du alles, was in deinem Leben nicht authentisch ist, loslassen. Teile deine Wahrheit mit anderen, und befreie dich von Beziehungen, in denen du nicht wirklich du selbst sein kannst. Authentisch zu sein, ermöglicht es deiner Seele, zu fliegen und ihr Lied im Universum erklingen zu lassen.«

◆ ◆ ◆

MÄANDERNDER FLUSS

FLOW

Wenn der Verlauf eines Flusses viele Kurven, Biegungen und Wendungen zeigt, nennt man das »mäandern«. Er erweckt den Eindruck, von Seite zu Seite zu wechseln, und von oben betrachtet wirkt er wie eine sich windende Schlange. Solche Wasserläufe sind sehr dynamisch, weil sie sich durch zahlreiche Täler schlängeln und Leben spendende Sedimente in neue Gebiete bringen. Das Wort »Mäander« geht auf den gleichnamigen Fluss Mäander in der heutigen Türkei zurück, der in die Ägäis mündet. Die Griechen des Altertums erschufen symbolische Mäandermuster, und diese zählten zu den wohl wichtigsten der antiken griechischen Kultur. Sie standen für das Fließen des Wassers und den ewigen Fluss allen Lebens. Sie wurden auch als Symbol der Schlange gedeutet, die ein Sinnbild für Heilung war. Noch heute ziert der sogenannte Äskulapstab ärztliche und pharmazeutische Einrichtungen.

Die Botschaft des mäandernden Flusses lautet:

❖ ❖ ❖

»Manchmal ist es angebracht, sich dicht am Ufer zu halten, und manchmal gilt es, sich dem Strom anzuvertrauen. Beobachte, wohin das Leben fließt, und folge dieser Richtung. Halte nach Zeichen Ausschau, und gehe ihnen nach. Stelle dich nicht quer, denn wenn du mit dem Flow gehst, gedeiht deine Lebenskraft und erfahrst du Heilung auf allen Ebenen. Außerdem ist es jetzt an der Zeit, alte und überkommene Glaubensmuster hinter dir zu lassen, zu vergeben und dich nicht mehr für deine Ansichten zu rechtfertigen. Wenn du die sanften Strömungen des Lebensflusses nicht spüren kannst, könnte das damit zusammenhängen, dass du dir gegenüber zu kritisch bist oder dich verurteilst. Wenn du voller Dankbarkeit und Liebe in Einklang mit dem Flow kommst, dann wirst du überall um dich herum Segnungen wahrnehmen. Du wirst Erlösung finden, und Heilung wird geschehen.«

❖ ❖ ❖

Mondnacht im Kiefernwald

Gelegenheit

Hin und wieder zerreißt das Lied eines einsamen Wolfes oder das gelegentliche Rufen einer Eule die Stille des nächtlichen Waldes. Ein Wanderer geht unter Kiefern seines Weges, und der Schein eines abnehmenden Mondes fällt durch das Nadeldach und malt Muster auf den Waldboden. Manchmal verdecken die Bäume den Mond, manchmal erhellt sein volles Licht den Weg. Kiefern zählen zu den ältesten Pflanzengattungen dieses Planeten, es gibt sie bereits dreimal so lange wie blühende Pflanzen. Weil die meisten Kiefern immergrün sind, stehen sie traditionell für Langlebigkeit, Unsterblichkeit, Fruchtbarkeit, Gesundheit und Fülle. Der Mond und sein zarter Schein symbolisieren die weiblichen und empfangenden Aspekte des Lebens. Wie der Mond das Licht der Sonne empfängt und reflektiert, so verheißt er dir auch, dass dir die Wohltaten des Universums zufließen werden.

Die Botschaft der Mondnacht im Kiefernwald lautet:

◆ ◆ ◆

»Die Geschenke des Universums warten nur darauf, in dein Leben zu fließen. Fülle, Gesundheit, langes Leben, Vitalität und Freude werden dir in den kommenden Tagen auf leichte und sanfte Weise zuströmen. Manchmal mag es so scheinen, als wäre das Gute im Leben etwas, was Ebbe und Flut folgt, nicht ein konstanter Strom der Erfüllung. Darin ähnelt es dem Mond, der für ein, zwei Augenblicke hinter den Kiefern hervorschaut. Wenn du jedoch in einer offenen und empfangenden Ausrichtung bleibst, werden materielle und emotionale Geschenke in dein Leben kommen. Statt dich darüber zu beklagen, dass das Universum dich nicht beständig mit Freuden bedenkt, nimm alles, was es dir gibt, in einer Haltung der Dankbarkeit an, und deine Belohnung wird sich verzehnfachen. Dies ist eine Gesetzmäßigkeit des Universums.«

◆ ◆ ◆

NEUSCHNEE

REINHEIT

Bevor der erste Schnee fällt, wirkt die Erde düster und kalt. Von Herbststürmen umgestürzte Bäume liegen wahllos verteilt auf den zerfallenden Blättern, die den Waldboden bedecken. Wenn jedoch der erste Schnee gefallen ist, dann werden Dunkelheit und verrottendes Erdreich durch helle und fröhliche Reinheit ersetzt. Im Sonnenlicht funkeln einzelne Flocken auf den Schneewehen wie Kristalle. Raue Geräusche werden gedämpft. Spitze Ecken und schroffe Kanten werden verhüllt. Alles wirkt frisch und neu. Es hat den Anschein, als verschwänden Schutt und Trümmer unter dieser makellosen weißen Landschaft. Sanft fallender Schnee erhellt die Umgebung und erfüllt die Luft mit einem Tanz diffuser Formen. Nachts im Licht des Vollmondes leuchtet der erste Schnee in andächtiger Stille und verwandelt das Land in ein verwunschenes Feenreich. In einigen mystischen Überlieferungen steht herabfallender Schnee für die Weitergabe von Wissen aus höheren Sphären (dem Himmel) zu den niederen Sphären (der Erde), also für die Übermittlung reiner Weisheit.

Die Botschaft des Neuschnees lautet:

* * *

»Was auch immer sich in der Vergangenheit zugetragen haben mag, so kann doch immer ein frischer und neuer Anfang gemacht werden. Die Reinheit deiner Seele durchdringt alles, was dir begegnet. Für dich beginnt eine Zeit der Gnade. Öffne einfach dein Herz, und sei dir gewiss, dass das Beste zu dir kommen wird. Es ist nicht gesagt, dass sich die Zukunft an der Vergangenheit orientiert. Dein Leben kann (und wird) leuchtend, glitzernd und fröhlich sein. Alte, blockierende Glaubenssätze fallen von dir ab, wiederkehrende Herausforderungen lösen sich auf. Eine Zeit der Erlösung, Vergebung und göttlichen Heilung hat begonnen.«

* * *

PFIRSICHBAUM IN VOLLER FRUCHT

ERFÜLLUNG

Der Pfirsichbaum geht früh in Blüte. Deshalb ist er ein verbreitetes Symbol für den Frühling und die Erneuerung des Lebens. In China steht er zudem für glückliche Hochzeiten und Kindersegen, in manchen Überlieferungen sogar für Unsterblichkeit. Reife Pfirsiche künden von Fruchtbarkeit und umfassender Erfüllung. In Korea symbolisiert der Baum Freude, Reichtum, Ehre und ein langes Leben. In der europäischen Renaissance war er ein Sinnbild für das Herz, die Liebe und dafür, wahrhaftig aus dem Herzen heraus zu sprechen.

Die Botschaft des Pfirsichbaums in voller Frucht lautet:

◆ ◆ ◆

»Erfüllung steht bevor. Was auch immer gerade in deinem Leben geschieht, richte deine Aufmerksamkeit auf das Prächtige, Erfreuliche und Üppige. Entdecke die Seligkeit im Augenblick. Liebe mit Leib und Seele, ohne Zögern. Pflege deine Freundschaften. Erfülle dein Leben mit Menschen, Erlebnissen und Orten, die dich glücklich machen. Lasse im Gegenzug ab von Menschen und Dingen, die dich nicht stärken, sondern dir Energie entziehen. Du brauchst nicht länger die Bedürfnisse anderer deinen eigenen voranzustellen. Falls du gesundheitliche Probleme hattest, bedeutet ein reifer Pfirsich die Genesung. Genieße dein Leben mit Freude und Enthusiasmus. Lasse dich auf das Dasein ein, und nimm es mit all seinen Wechselspielen an. Wenn du ein Kind bekommen, ein neues Projekt beginnen oder eine neue Beziehung eingehen möchtest, stehen die Zeichen auf großartigen Erfolg.«

◆ ◆ ◆

POLARSTERN

FÜHRERSCHAFT

Im westlichen Kulturraum wünschen wir uns etwas, wenn wir eine Sternschnuppe sehen, denn die Sterne versinnbildlichen all das, was unser Leben erhellt und verzaubert. Sie stehen für Sehnsucht, höhere Weihen, Inspiration, Vorstellungskraft und Wunder. Einst nutzten die Menschen die Sterne, um nachts den Weg zu finden. Der Polarstern diente wie ein Kompass der Orientierung in die richtige Richtung und symbolisiert daher innere Ausrichtung und Führung. Er ist der hellste Stern im Sternbild »Kleiner Bär« und ein Leuchtfeuer für diejenigen, die sich verirrt haben.

Die Botschaft des Polarsterns lautet:

◆ ◆ ◆

»Wie der Polarstern ein Leuchtfeuer für Reisende in der Dunkelheit der Nacht ist, so bist du ein Leuchtfeuer für andere. Es ist an der Zeit, dass du ins Licht trittst und deine Führungsrolle beanspruchst. Du bist Lehrer, Pilotin, Hüter und Heilerin – eine wahre Anführerin bzw. ein wahrer Anführer. Stehe für diese Gaben ein. Tritt ohne Scheu hervor, und lasse die Welt dein Licht sehen. Die größten Anführerinnen und Anführer sind die Menschen, die wissen, was Demut ist, und die anderen die Tore zum Erreichen derer Träume öffnen. Solltest du dich bislang im Hintergrund gehalten haben, so ist es jetzt an der Zeit, dein Versteck zu verlassen und ein Licht für andere zu werden. Dadurch wird dein Stern umso heller erstrahlen.«

◆ ◆ ◆

QUARZKRISTALL
WUNDER

Natürlicher Quarz wurde in uralter Zeit in verschiedenen Farbvarianten – Bergkristall, Amethyst, Citrin, Rosenquarz, Rauchquarz – verehrt. Die australischen Aborigines nannten ihn »Maban«, es war das Material, durch das Schamaninnen und Stammesälteste ihre magischen Kräfte erhielten. Die alten Ägypter glaubten, dass Quarz wundersame Heilfähigkeiten hätte, weshalb sie ihren Toten bei der Bestattung ein Stück davon auf die Stirn legten. Die Griechen und Römer sahen in Quarzkristallen durch die Götter gestaltetes und verfestigtes Eis, weshalb diesen Steinen Wunderkräfte beigemessen wurden. Bis heute glauben Menschen daran, dass Quarz sie dabei unterstützen kann, die eigenen Wünsche zu manifestieren. Vielleicht liegt das an den piezoelektrischen Eigenschaften dieses Steins, durch die er Radiosignale verstärken kann. An manchen Orten dieser Welt können Quarze sogar einfach an der Erdoberfläche gefunden werden. Diese sind besonders kraftvoll, weil sie in ihrer natürlichen Umgebung zu uns finden.

Die Botschaft des Quarzkristalls lautet:

◆ ◆ ◆

»Hinter der nächsten Ecke erwarten dich aufregende Möglichkeiten. Wunder werden in dein Leben kommen. Vielleicht werden sie nicht direkt als solche zu erkennen sein, aber sie sind nichtsdestotrotz da. Je mehr du ihrer gewahr wirst und sie willkommen heißt, desto mehr werden diese Möglichkeiten an Pracht gewinnen. Feiere und wertschätze auch die kleinen Wunder, egal, wie winzig sie sein mögen. Lege deine Erwartungshaltung ab. Begrenze nicht durch dein Denken die Art und Weise, wie ein Wunder in Erscheinung treten darf. Sei offen. Wenn du an Wunder glaubst, dann ist wirklich alles möglich.«

◆ ◆ ◆

RUHENDER VULKAN

POTENZIAL

Vulkane brechen dort aus, wo die Landplatten der Erde aufeinandertreffen und sich Risse bilden, durch die Lava austritt – entweder explosiv oder eher langsam einen Schlackenkegel hinabfließend. Wenn ein Vulkan ruht, so besteht trotzdem jederzeit die Möglichkeit eines heftigen Ausbruchs, existiert ein Potenzial zu gewaltiger Kraft. Es gibt wenige Dinge auf unserem Planeten, die eine größere Herausforderung darstellen als ein ausbrechender Vulkan. Der Vulkan steht traditionell für Unberechenbarkeit und Ehrfurcht einflößende Wildheit.

Die Botschaft des ruhenden Vulkans lautet:

◆ ◆ ◆

»Du bist bereit, dein Potenzial zu entfalten und in deine ganze Kraft zu kommen. Jetzt ist die Gelegenheit, diejenigen deiner Gaben zu aktivieren, die du bislang verborgen hast. Du birgst unglaubliches ungenutztes Potenzial in dir, das gleich dem Wasser eines Springbrunnens nach außen drängen möchte. Vielleicht hegst du auch negative Emotionen und lässt diese nicht zu oder unterdrückst sie. Dadurch setzt du dich innerlich unter Druck und emotionalen Stress. Warum auch immer du es bislang nicht getan hast, setze dein Potenzial jetzt frei. Tief in dir verfügst du über umfassende spirituelle Kräfte. Zweifle nicht an deinen Fähigkeiten und deiner Macht. Womöglich steht dir eine gewaltige Zunahme deiner Energie und Lebenskraft bevor.«

◆ ◆ ◆

SEEROSENTEICH

INNERER FRIEDEN

Einfach an einem Seerosenteich sitzen, den vorbeifliegenden Libellen zuschauen und die sanft auf dem Wasser dahintreibenden, leuchtenden Seerosenblätter betrachten (während sich die durchscheinenden Blüten dem Himmel öffnen) – das kann uns mit einem Gefühl umfassenden und ewigen Friedens erfüllen. Seerosen gibt es in vielen Ländern, und sie haben eine Fülle von Bedeutungen. Ein sich durchziehendes Bild ist die Vorstellung, dass etwas von unglaublicher Schönheit und Anmut aus dem Dunklen und Trüben emporwächst.

Die Botschaft des Seerosenteiches lautet:

◆ ◆ ◆

»Innerer Frieden ist dein Geburtsrecht. Ruhe und Stille stellen sich ein, wenn du wahrnimmst, dass sich dein Leben nach einem göttlichen Plan entwickelt. Gelassenheit ist nichts, was du dir erarbeiten oder wonach du suchen müsstest, denn sie existiert bereits in dir. Um diesen inneren Frieden zu aktivieren, vereinfache dein Leben, verbringe Zeit in der Natur und lausche den Botschaften deiner Seele. Wahre Harmonie transformiert Ängste und führt dich in eine enge Verbindung mit deinem Schöpfer. Wie groß die Dunkelheit in deinem Leben auch sein mag, du kannst sie hinter dir lassen und zu Erleuchtung und himmlischem Frieden gelangen. Atme tief ein und aus – in der Gewissheit, dass alles gut wird.«

◆ ◆ ◆

SOMMERREGEN

REINIGUNG

Regen ist ein traditionelles Symbol für Wiedergeburt und die Befreiung von Sünden. Zudem steht Wasser für Emotionen, und ein Sommerschauer kann für die Freisetzung lange aufgestauter Gefühle stehen, die eine innere Reinigung und Heilung in Gang setzt. Regen repräsentiert auch einen Erneuerungsgedanken, wie er im Sprichwort »April mit Regen schenkt dem Mai Blumensegen« bewahrt ist: Der Zeit des Regens folgt die Zeit der Blüte.

Die Botschaft des Sommerregens lautet:

◆ ◆ ◆

»Neue und frische Energien haben es schwer, in dein Leben zu kommen, wenn es mit alten und überkommenen Energien vollgestopft ist. Läutere und reinige deinen Körper und deine Räumlichkeiten. Jetzt ist eine gute Gelegenheit für Entgiftung und Entrümpelung, für Putzen und Aufräumen. Lasse veraltete Energien los, um frische und reine Energien in dein Leben einzuladen. Ernähre dich bekömmlich. Nimm bestimmte Dinge nicht länger persönlich. Befreie dich von Groll, Schuldgefühlen und Vorwürfen. Achte auf die Reinheit deiner Gedanken, Worte und Taten. Entrümpeln ist moderne Alchemie: Wenn du etwas nicht liebst oder es dir nicht nützt, dann verabschiede dich davon. Womöglich wird dir große Fülle angekündigt, denn fließendes Wasser kann Wohlstand bedeuten und der Sommer eine Zeit des Wachstums.«

◆ ◆ ◆

SPATZ AUF DER FRÜHLINGSWIESE

FREUDE

Der Spatz gewinnt seine Stärke durch Menge. Spatzen suchen Futter und fressen in Gruppen, und diese Vielzahl lenkt Raubtiere ab, verwirrt sie oder schüchtert sie sogar ein. Auch Sicherheit und Vergnügen durch die Gemeinschaft ist eine der Lektionen des Spatzes. Umgeben von seinesgleichen ist ein Spatz immer geschäftig und voller Lebensfreude. Viele Völker weisen diesem Vogel die Bedeutung »Freude« zu, und im Mittelalter maß man ihm die Kräfte bei, Leiden zu verringern, Hürden zu überwinden und Freude zu bringen.

Die Botschaft des Spatzes auf der Frühlingswiese lautet:

◆ ◆ ◆

»Freude breitet sich in deinem Leben aus. Klatsche vor Vergnügen in die Hände. Verbringe Zeit mit anderen. Gehe zu öffentlichen Versammlungen. Veranstalte eine Party. Die Freude, die du dabei erlebst, wird in dir gewaltige Kreativität hervorbringen, und dein Leben wird erblühen. Teile deine Freude und Hochstimmung mit anderen, und sie werden sprunghaft noch größer werden. Es ist jetzt nicht angebracht, ernst zu sein, sich zusammenzureißen und zur Arbeit überzugehen, sondern, spontan und verrückt zu sein. Gib im Moment keine bindenden Zusagen. Unterzeichne keine Verträge, lege keine Versprechen ab – womöglich wärst du nicht in der Lage, sie einzuhalten. Erlaube dir, ganz viel Spaß zu haben … insbesondere in der Gesellschaft anderer.«

◆ ◆ ◆

STRAHLENDER SONNENSCHEIN

GLÜCK

Die Sonne ist das Zentrum unseres Planetensystems. Aufgrund der Bewegung unseres Planeten ist unser aller Leben von Zyklen aus Licht und Dunkelheit geprägt. Sowohl unsere inneren und äußeren Biorhythmen als auch alle belebten und unbelebten Aspekte des Lebens werden von dieser himmlischen Kraft, die einst als Gottheit verehrt wurde, bestimmt. Die traditionellen Bedeutungen der Sonne reichen von Glück, Freude, Hoffnung über Erleuchtung, Erhellung, Wahrheit hin zu Spaß, Wärme und Wohlwollen. Außerdem ist Sonnenlicht eine Kraft des Wachstums. Wird etwas durch das Licht der Sonne erwärmt, dehnt es sich aus, doch ohne diese Energie zieht es sich zusammen. Die Sonne birgt in sich die stärksten Wachstumskräfte des Lebens.

Die Botschaft des strahlenden Sonnenscheins lautet:

◆ ◆ ◆

»Mache einen Luftsprung, und juble vor Freude! Lasse dein Licht erstrahlen. Die Zeichen stehen günstig für dich, Glück im Überfluss erwartet dich. Und ein Portal wird noch mehr Freude und Glück zu dir führen. Dein Leben gedeiht, Möglichkeiten bieten sich an. Jetzt ist es an der Zeit, voller Begeisterung voranzugehen. Liebe rückhaltlos und aus der Tiefe deines Herzens. Empfange das Leben mit offenen Armen. Gutes fließt dir zu. Achte jedoch darauf, dass dein Wachstum maßvoll bleibt. Ein Zuviel und Zuschnell könnte dich überwältigen.«

◆ ◆ ◆

SUMPFLANDSCHAFT

STILLSTAND

Ein Sumpf ist ein tief gelegenes Gebiet mit holzigen Pflanzen (Buschwerk und Bäumen), in dem sich das Wasser ansammelt und den Boden durchtränkt. Zu Regenzeiten werden solche Landschaften überschwemmt. Die Randgebiete sind häufig ein Morast aus Schlamm und Schlick. Eine Fülle von Pflanzen und Insekten bevölkern Sümpfe. Wegen der zähen Beschaffenheit des Schlamms ist es meist unmöglich, jene zu durchqueren. Auch der Versuch, mit einem Boot hindurchzukommen, kann sich wegen der dichten Vegetation als schwierig und tückisch erweisen.

Nichtsdestotrotz sind Sumpflandschaften von großem Wert. Bei Fluten helfen sie auf natürliche Weise, die Wassermassen zu regulieren, weil sie kurzzeitig wie Auffangbecken funktionieren. Außerdem verhindern sie in angrenzenden Gebieten Erosion durch Wasser. Die üppige Vegetation macht Sümpfe für zahlreiche Vögel zum idealen Brutgebiet und für Säugetiere wie den Biber zum Lebensraum. Die Süßwassersümpfe der Flüsse Euphrat und Tigris gehören zu einer »Fruchtbarer Halbmond« genannten Landschaft nördlich der Syrischen Wüste. Von dieser fruchtbaren Gegend profitierten schon die frühesten Menschen.

Die Botschaft der Sumpflandschaft lautet:

◆ ◆ ◆

»Hast du den Eindruck, dass dein Leben in manchen Bereichen aus dem Tritt geraten oder gar zum Stillstand gekommen ist? Du hast recht. Etwas macht keine Fortschritte. Selbst wenn es den Anschein erweckt, als seien die Dinge im Fluss, wirf einen Blick hinter die Fassade – womöglich findest du etwas Unbewegliches. Der erste Schritt zur Befreiung aus dieser Stagnation ist eine Bestandsaufnahme: Stelle fest, wo du dich befindest. Die Seele liebt die Wahrheit. Zum Beispiel kannst du sprießendes Unkraut entweder vehement verleugnen oder aber feststellen, dass es da ist, und dann damit beginnen, es auszureißen. Stelle also fest, was in deinem Leben nicht funktioniert, und dann mache dich in kleinen Schritten daran, die Hindernisse aus dem Weg zu räumen. Steckt man in der freien Natur in einen Sumpf fest, ist die schlechteste Idee die, wild zu strampeln, und die beste, sich sorgfältig und in Ruhe zu befreien, Schritt für Schritt.«

◆ ◆ ◆

TANZENDE WOLKEN

WANDEL

Zu allen Zeiten schauten Menschen zum Himmel auf, um Zeichen zu erhalten. In den sich ständig bewegenden, verändernden Wolken sahen sie Gestalten und Formen, die auf sie wie unmittelbare Botschaften des Schöpfers wirkten. Wolken sind Gestaltwandler. In ihrer Essenz bleiben sie gleich, aber ihre Erscheinung kann sich ändern: von Nebel zu Regen, Eis, Schnee, Wasser. Die flüchtige Natur der Wolken veranschaulicht die Erkenntnis, dass das Leben vergänglich ist und sich ständig wandelt.

Die Botschaft der tanzenden Wolken lautet:

◆ ◆ ◆

»Es ist in Ordnung, wenn du deine Meinung oder die Richtung änderst. Du brauchst nicht frei von Widersprüchen zu sein. Es ist an der Zeit, die Bedürfnisse und Erwartungen anderer beiseitezuschieben und auf dein Herz zu hören. Du musst keine Traditionen befolgen. Erschaffe deine eigenen. Du bist frei, dich selbst zu verwirklichen und deine Seele fliegen zu lassen. Sei mutig. Lasse vorhersehbares Handeln hinter dir. Nur weil etwas schon immer auf eine bestimmte Weise getan wurde, bedeutet das nicht, dass es auch weiterhin so getan werden muss. Auf die Umstände deines Lebens hast du keinen direkten Einfluss, aber du hast die Kontrolle darüber, welche Bedeutung du diesen Lebensumständen beimisst. Wähle Bedeutungen, die dich stärken, denn jetzt gilt es, unbeschwert, wild und unvorhersehbar zu sein.«

◆ ◆ ◆

TIEFEN DES MEERES
WEISHEIT

Das Meer kann auf der Oberfläche bewegt und turbulent sein, aber wenn man weit hinabsinkt, zeigt es ein ganz anderes Gesicht. Häufig ist es in der Tiefe ruhig. Andersherum kann es auch an der Meeresoberfläche völlig still sein, und im flüssigen Blau darunter tummeln sich Myriaden von Lebewesen und eine Vielfalt von Tang und Algen. Eine riesige Gemeinschaft von Geschöpfen lebt dort gemäß dem Zyklus »fressen, sich paaren, gebären und sterben«. Was wir an der Oberfläche wahrnehmen, hat sehr wenig damit zu tun, was in der Tiefe geschieht.

Die Botschaft der Tiefen des Meeres lautet:

◆ ◆ ◆

»Die Dinge sind nicht so, wie es den Anschein hat. Schaue unter die Oberfläche deines Lebens. Beispielsweise kann bei dir der Eindruck entstanden sein, dass es mit einem Projekt nicht vorangeht, aber untergründig passiert etwas. Falls du gerade stürmische Zeiten durchlebst, dann sei dir gewiss, obwohl es an der Oberfläche deines Lebens etwas rauer und turbulenter zugehen mag, dass in der Tiefe alles gut ist und Gelassenheit und Frieden sich ihren Weg zu bahnen beginnen. Begebenheiten, die jetzt herausfordernd wirken, werden sich später als wohltuend erweisen.«

◆ ◆ ◆

TROPISCHER DSCHUNGEL

ERFOLG

Die tropischen Dschungel zählen zu den vielfältigsten und erfolgreichsten Lebensräumen unseres Planeten. Sie verfügen über eine unglaubliche Diversität von Pflanzen und Tieren und stecken voller Lebenskraft, die zu raschem Wachstum und ständigem Wandel führt. Die Üppigkeit der Pflanzenwelt der Regenwälder ist für die Erde von grundlegender Bedeutung. In vielerlei Weise hängt das Wohlergehen des Planeten von ihnen ab, weshalb die Urwälder auch seine »grüne Lunge« genannt werden: Die Pflanzen binden Kohlendioxid, produzieren Sauerstoff und helfen, die weltweiten Schäden durch den Klimawandel geringer zu halten. Darüber hinaus können in den Dschungeln womöglich noch Tausende Arten von Tieren und Pflanzen mit medizinischem Nutzen entdeckt werden.

Die Botschaft des tropischen Dschungels lautet:

* * *

»Die Zeichen stehen auf Zufriedenheit, Wohlbehagen und Erfüllung. Der Erfolg wartet nur darauf, in dein Leben zu treten. Mache dich bereit, das Gelingen zu akzeptieren und anzunehmen, denn es könnte sich sehr plötzlich einstellen. Alles ist möglich. Die Tore des Triumphes sind im Begriff, sich zu öffnen. Bist du von Dankbarkeit für all die kleinen Erfolge in deinem Leben erfüllt, so werden daraus größere hervorgehen. Zufriedenheit wird sich in vielen Formen und auf mannigfaltigen Wegen bei dir einfinden. Begrüße jeden noch so kleinen oder bedeutungslos wirkenden Aspekt, und nimm ihn in dir auf. Dies ist eine wunderbare Zeit, Zusagen zu geben, Verträge zu unterzeichnen und Absprachen zu treffen. Gute Resultate werden daraus entstehen.«

* * *

UNERMESSLICHES UNIVERSUM

ERLEUCHTUNG

Unsere wunderschöne Heimatgalaxie ist so groß, dass es selbst bei einer Reise mit Lichtgeschwindigkeit 100000 Jahre dauern würde, von einem Ende bis zum anderen zu gelangen. (Es gibt sogar noch größere Galaxien: Für eine Reise bei Lichtgeschwindigkeit durch die Galaxie »Herkules A« würde man 1,5 Millionen Jahre benötigen.) Das Reich der Galaxien ist so unermesslich groß, dass es die menschliche Vorstellungskraft übersteigt. Daher symbolisieren Galaxien große Erleuchtung und Vertrauen in die höheren Mächte.

Die Botschaft des unermesslichen Universums lautet:

◆ ◆ ◆

»Erleuchtung geschieht, wenn jemand die Begrenzungen des gewöhnlichen Selbst verlässt und in eine größere Wahrnehmung von sich im Universum hineinwächst. Du streckst heute deine Hand nach den unsichtbaren Reichen der Geistigen Welt aus, um dich mit dem zu verbinden, was nicht zu sehen ist. Verborgene Mächte unterstützen dich dabei. Glaube an dich. Du bist weitaus mehr, als du zu sein denkst. Dir sind keine Grenzen gesetzt. Sei geduldig, denn du kannst dir gewiss sein, dass es einen großen Plan gibt, der zur Entfaltung gelangt. Du trittst jetzt in eine besondere Zeit großer Veränderung und Erleuchtung ein. Vertraue darauf, dass es ein Wandel hin zum höheren Wohl aller sein wird.«

◆ ◆ ◆

ÜPPIGE WIESE
VERGNÜGEN

Wiesen sind im Allgemeinen offene, sonnige Orte, an denen die Pflanzen- und Tierwelt wächst und gedeiht. Sie sind Rückzugsorte, denn die umstehenden Bäume bieten Schutz und Schatten. Hier können ermüdete Wanderer rasten und neue Kräfte sammeln. Daher symbolisieren Wiesen üblicherweise Offenheit, angenehme Ruhe und Entspannung. Eine Wiese ist ein Versammlungsplatz für Mensch und Tier, wo sie die einfachen Freuden des Lebens genießen.

Die Botschaft der üppigen Wiese lautet:

◆ ◆ ◆

»Koste dein Leben aus, jedes Detail davon. Finde Vergnügen daran, zu entschleunigen und die Welt mit all deinen Sinnen wahrzunehmen. Genieße den vollen Geschmack deiner Speisen, nimm die Gerüche deiner Umgebung wahr, erfreue dich an den Farben und der Haptik der Dinge. Das Leben ruft dir förmlich zu: ›Halte bei der nächsten Rose inne, und rieche an ihr.‹ Lebe deine Sinnlichkeit, schwelge im Moment. Bestimme ›Vergnügen‹ zum Losungswort aller persönlichen Bereiche deines Lebens. Lasse deinen Alltag weniger von Produktivität und mehr von schwungvollem Genuss des Augenblicks bestimmt sein – und eine leuchtende Energie wird durch dich hindurch in alle Bereiche deines Lebens fließen.«

◆ ◆ ◆

URALTER WALD
GEMEINSCHAFT

Die turmhohen, uralten Bäume eines Waldes scheinen für sich zu stehen, doch unter der Erdoberfläche sind ihre Wurzeln miteinander verflochten. Diese funktionieren wie ein Kommunikationsnetzwerk in der Gemeinschaft der Bäume. Binnen eines Augenblicks gelangen Nachrichten durch dieses unterirdische System. Auch benötigte Nährstoffe können über das Netzwerk transportiert werden, etwa von den Bäumen auf einer Seite des Waldes zu denen auf der anderen. Ebenso werden Bedrohungen mithilfe des verflochtenen Wurzelnetzwerkes weiterkommuniziert.

Die Botschaft des uralten Waldes lautet:

◆ ◆ ◆

»Überall um dich herum wartet Hilfe auf dich, selbst wenn du sie nicht bewusst wahrnimmst. Lasse zu, unterstützt zu werden. Ermutige auch andere dazu. Je mehr du dir unter die Arme greifen lässt, desto eher verwirklichen sich deine Träume. Solltest du den Glaubenssatz ›Ich muss alles selbst schaffen‹ in dir tragen, dann wird es auch so sein. Deine wahre Familie ergibt sich nicht allein über Blutsbande, denn manchmal sind die stärksten Familienbeziehungen die zu Freundinnen und Freunden, die genau wissen, wer du bist. Manchmal sind es auch die Beziehungen zu deinen Ahnen und zu deiner Seelenfamilie in der Geistigen Welt. Finde dein Netzwerk und »deine Leute«. Es gibt Menschen, die dir zur Seite stehen und dich tatkräftig unterstützen, weil sie an dich glauben und dich lieben. Wende dich an deine Gemeinschaft, und bitte sie um ihre Hilfe. Sie ist nur einen Gedanken weit entfernt.«

◆ ◆ ◆

VERSCHNEITER BERGGIPFEL

FOKUS

In der Überlieferung stehen Berge für höhere Wahrnehmung und spirituelle Entwicklung, aber auch für das Zurücklassen weltlicher Beschränkungen und das Erreichen höherer Ziele. Schneegipfel sind ein Zeichen für absolute Reinheit. Bergspitzen sind beliebte Ziele von Pilgerreisen. In vielen Völkern glaubte man, dass in den Höhen der Gebirge die Rückzugsplätze der Göttinnen und Götter und anderer himmlischer Wesenheiten lägen.

Die Botschaft des verschneiten Berggipfels lautet:

◆ ◆ ◆

»Das, worauf du dich konzentrierst, ziehst du in dein Leben. Richte daher deine Aufmerksamkeit auf Dinge, die es wert sind. Und fokussiere dich auf einen Wunsch, statt dich hin und her reißen zu lassen. Wenn deine Gedanken und Handlungen flatterhaft sind, hält dies deinen Fortschritt auf. Es ist weitaus einfacher, Erfolge zu erzielen, wenn du dich auf eine Sache konzentrierst. Bündle deine inneren Ressourcen, und brich dann mit aller Kraft und Leidenschaft auf. Womöglich stehen dir ein Aufbruch in höhere Welten und spiritueller Fortschritt bevor. Bleibe fokussiert, während du in ein höheres Bewusstsein aufsteigst. Du bist den himmlischen Sphären nah.«

◆ ◆ ◆

VERWUNSCHENES TAL
PORTAL

Es gibt Plätze auf diesem Planeten, wo die Schleier zwischen den alltäglichen und den Geistigen Welten ausgesprochen dünn sind. Sie werden »Portale«, »Vortexfelder« oder »mystische Torwege« genannt. Dort können sich Dinge jenseits des Gewöhnlichen ereignen, und deswegen werden diese Plätze in spirituellen Traditionen hoch verehrt. Mystiker, Seherinnen und Schamanen können sie betreten, um von einer Welt in die nächste zu gelangen. Keltischen Überlieferungen zufolge hat das sogenannte Kleine Volk – das sind die Elfen und Feen – Zugang zu solchen magischen Plätzen und nutzt sie ganz selbstverständlich für seine Reisen. Ein verwunschenes Tal ist ein Ort, an dem sich regelmäßig Portale öffnen.

Die Botschaft des verwunschenen Tals lautet:

◆ ◆ ◆

»Magie liegt in der Luft. Wundersame Ereignisse geschehen. Umfassende Offenbarungen und innere Erhellungen stehen bevor. Jetzt ist es deutlich leichter, deine Träume zu manifestieren. Es ist eine hervorragende Gelegenheit, für deine Vorstellungen von der Zukunft tätig zu werden. Schon eine kleine Handlung wird ein viel größeres Ergebnis zeitigen. Die Schleier zwischen den Welten sind sehr dünn. Es entstehen Portale in die Geistigen Welten, Feen und Elfen unterstützen dich. Wunder erblühen entlang deines Lebensweges, halte nach ihnen Ausschau. Öffne dein Herz heiligen und magischen Energien. Je bewusster du dir der kleinen Wunder in deinem Leben wirst, desto mehr werden sie wachsen.«

◆ ◆ ◆

WACHENDE EICHE

SCHUTZ

Eines der vielen bemerkenswerten Merkmale der Eiche ist, dass eine winzige Eichel zu einem mächtigen Baum enormer Größer heranwachsen kann, der Hunderte von Jahren alt wird. Die Wurzeln dieses Baumes reichen so tief in die Erde, wie sich seine Äste in den Himmel erstrecken. In vielen Überlieferungen steht die Eiche für Weisheit, Stärke und Schutz. Bewundert wird sie wegen ihrer Ausdehnung, ihrer Würde und ihrer Standfestigkeit. Wegen der Beobachtung, dass Eichen Blitze anziehen, sahen unsere Vorfahren durch sie Lebenskraft und Stärke dargestellt. Viele Völker verehrten die Eiche und den ihr innewohnenden lebendigen Geist. Man glaubte, dass sich in ihr ein Portal befände, durch das man in innere Welten reisen kann. Außerdem ist die uralte Eiche eines der mächtigsten Schutzzeichen der Geistigen Welten.

Die Botschaft der wachenden Eiche lautet:

◆ ◆ ◆

»Du bist beschützt. Du kannst alles durchstehen, denn deine Wurzeln reichen tief. Du bist tapfer und kannst jede Gefahr überleben. Sei standhaft. Du trägst in dir die Energie einer Anführerin bzw. eines Anführers und verfügst über große Autorität. Tiefe Weisheit entfaltet sich in dir, und andere nehmen das wahr. Womöglich ist es jetzt auch angebracht, das, was für dich Wert besitzt, zu beschützen. Bewache dein Haus, und behüte deine Lieben und dich selbst.«

◆ ◆ ◆

WEISSE FEDER
EINFACHHEIT

Stelle dir eine einzelne weiße Feder vor, wie sie – sich vor dem Blau des Himmels abhebend – von warmen Luftströmen getragen langsam zur Erde schwebt, voller Anmut und Einfachheit. Sowohl die amerikanischen Ureinwohner als auch die alten Ägypter sahen in Federn Botschaften der Himmelsgottheiten. Häuptlinge trugen sie zum Schmuck, um ihre Verbindung mit dem Schöpfer darzustellen. Man glaubte, dass über Federn, die auf dem Kopf getragen werden, Nachrichten der Menschen hinauf in die Geistige Welt gelängen. Umgekehrt konnten Botschaften und Energien der Geistigen Welt durch die hohlen Schäfte hinunter zu den Menschen kommen. Außerdem wurden Federn durch die Luft geschwenkt, um diese zu reinigen und somit einen Ort zu klären.

Die Botschaft der weißen Feder lautet:

◆ ◆ ◆

»Wenn du in die heilige Einfachheit finden und Klarheit in deinem Leben erreichen möchtest, dann kümmere dich nur um die Dinge, die dich betreffen. Befreie dich von allem Übrigen. Vereinfache dein Leben. Betrachte alle Bereiche eingehend, und löse dich im Innen wie im Außen von Gerümpel. Ruhe dich aus, regeneriere dich, und nimm nur an dem Anteil, was dir wichtig ist. Verzichte auf alles andere. Tue es jetzt, zögere nicht länger. Wenn dein Alltag vollgestopft ist mit Gegenständen, Beziehungen, Verpflichtungen und Emotionen, dann ist darin kein Raum mehr für die Geistige Welt – und deine Seele kann aufgrund von Ablenkungen und Blockaden nicht mehr von ihr erreicht werden. Schon ein wenig Ausmisten kann einen großen Unterschied bewirken.«

◆ ◆ ◆

Wildblumen-Wunderland
FÜLLE

Wildblumen werden nicht bewusst gesät – sie sind ungezähmt, ursprünglich und frei. Ihr Duft verlockt die Bienen, sich mit Pollen einzudecken, auf dass die Blumen bestäubt werden und so der Kreis des Lebens fortgesetzt wird. Diese ursprünglichen Blumen versuchen nicht, besonders üppig oder schön zu sein – sie sind einfach, ohne Kampf oder Sorge. Sie stehen für Fülle ohne Anstrengung. Wohlstand ist dein Geburtsrecht, und die Pracht eines Feldes von Wildblumen weist dich darauf hin, dass ein unerwarteter Gewinn ins Haus steht. Alles, was du tun musst, ist, deine Schwingungsfrequenz an das anzugleichen, was du zu manifestieren wünschst.

Die Botschaft des Wildblumen-Wunderlandes lautet:

◆ ◆ ◆

»Alles um dich herum erblüht. Erblühe auch du. Öffne dich, um zu empfangen: Fülle, Erfüllung und Wohlstand stehen bereit, in deinem Leben aktiv zu werden. Das Leben wünscht sich, dass du gedeihst. Dich erwartet eine Ausschüttung von Geld, Energie, Zeit oder Liebe. Die Möglichkeiten sind grenzenlos. Allerdings musst du selbst auf deine Träume zugehen. Warte nicht darauf, dass dir die Fülle in den Schoß fällt. Werde aktiv. Sei freigiebig, halte dich nicht zurück. Jetzt ist eine gute Gelegenheit für Investitionen. Je großzügiger du aus vollem Herzen gibst, desto mehr wirst du empfangen. Sei dankbar für das, was du bereits besitzt, und noch mehr wird dir zuströmen.«

◆ ◆ ◆

WIRBELSTURM

HEILSAMES DURCHEINANDER

Energie verbreitet sich in unserem Universum in Spiralen – etwa im Wasser, wenn es ein Fisch durchschwimmt, in der Luft, wenn sie ein Vogel durchfliegt. Der Mond kreist um die Erde, die Erde um die Sonne und das Sonnensystem um das Zentrum der Milchstraße. Die Spirale ist das Heilungsmuster des Lebens. Auch der von einer Schlange umwundene Äskulapstab, ein uraltes Symbol der Heilung, stellt eine heilige Spirale dar. Unsere DNS ist sogar eine zweifache Spirale.

Wirbelstürme sind gewaltige Spiralbewegungen. Die meisten Menschen würden sagen, dass ein Wirbelsturm für nichts gut sei, aber alles in der Natur hat seinen Wert. Verlieren durch ihn auch bestimmte Vögel ihren Lebensraum, so profitieren andere Vögel (wie Spechte, Moorhühner und Schnepfen) und auch weitere Tiere (wie Salamander, Bären und Hirsche) von der umgestalteten Landschaft. Die umgeworfenen Bäume erschaffen zahlreiche neue Rückzugs- und Lebensräume. Wirbelstürme wühlen zudem die Erde in einer Weise um, die für eine Regenerierung des Bodens sorgt.

Die Botschaft des Wirbelsturms lautet:

◆ ◆ ◆

»Chaos kann einen umfassenden Heilungsprozess in Gang setzen. Wenn dir deine Lebensumstände völlig durcheinander erscheinen, dann sei dir gewiss, dass die zugrunde liegende Energie eine heilsame ist. Du wirst auf allen Ebenen Heilung erfahren. Du bist eine Heilerin oder ein Heiler. Es kann auch sein, dass die Notwendigkeit für ein wenig Chaos in deinem Leben besteht, weil es darin so still geworden ist, dass es stagniert. Veränderung wird Kräfte der Heilung aktivieren. Tue das Unerwartete, und bringe etwas Schwung in dein Leben.«

◆ ◆ ◆

WÜSTENVISION
VERTRAUEN

Die Wüste scheint ausgedörrt und ohne Leben zu sein. Genau dorthin begeben sich allerdings spirituelle Sucher, um Botschaften des Schöpfers zu empfangen, denn die Wüste ist ein traditioneller Ort geistiger Reinigung, Erneuerung und umfassender Heilungsvisionen. Wie diese Landschaft unsere Seelen nähren kann, so kann der Sand der Wüste über Tausende Meilen hinweg Fruchtbarkeit schenken. Die Sahara, ein riesiges trockenes Gebiet aus Sand und Geröll, und der feuchte, üppige und grüne Amazonas-Regenwald liegen sehr weit voneinander entfernt. Trotzdem sind beide miteinander verbunden: Jährlich überqueren Tausende Tonnen nährstoffreichen Staubes der Sahara in höheren Schichten der Atmosphäre die Kontinente und Meere, um schließlich im Amazonas-Gebiet niederzugehen. Auf diese Weise gelangen Phosphor und andere dort benötigte Mineralien in den Boden.

Die Botschaft der Wüstenvision lautet:

◆ ◆ ◆

»Mächtige und bedeutsame Zeichen kündigen sich an. Selbst wenn die Dinge vertrocknet und ohne Ertrag zu sein scheinen, spricht eine tiefer liegende Energie doch von der Kraft deiner inneren Weisheit. Meditiere. Vertraue den Zeichen des Universums. Deine himmlischen Ratgeberinnen und Ratgeber sind dir jetzt ganz nah, und du bist offen, mithilfe deiner Intuition einige der bedeutungsvollsten Nachrichten deines Lebens zu erhalten. Dein sechster Sinn ist hellwach, du kannst ihm also vertrauen. Und solltest du den Eindruck haben, dass es einigen Aspekten deines Lebens an Glanz fehlt, sei dir gewiss, dass andere Bereiche für eine prächtige Zukunft fruchtbar gemacht werden. Sei guten Mutes – in dem Wissen, dass es ein höheres Ziel gibt.«

◆ ◆ ◆

ÜBER DIE AUTORIN

Denise Linns persönliche Reise nahm ihren Anfang nach einer Nahtoderfahrung, als sie 17 Jahre alt war. Die ihr Leben verändernde Erfahrung und ihre bemerkenswerte Genesung führten sie auf eine spirituelle Suche. Diese brachte sie dazu, Heiltraditionen vieler Völker kennenzulernen, darunter die ihrer eigenen Ahnen, der Cherokee-Indianer, die der australischen Aborigines und die der Zulu in Bophuthatswana (in Südafrika). Sie ließ sich von einer Kahuna (einer hawaiianischen Schamanin) sowie von Reiki-Meisterin Hawayo Takata ausbilden. Sie wurde außerdem von einem neuseeländischen Maori-Stamm feierlich adoptiert und lebte mehr als zwei Jahre lang in einem Zen-buddhistischen Kloster.

Denise Linn ist eine international angesehene Lehrerin auf dem Gebiet der Selbstentwicklung. Sie verfasste 19 Bücher, die in 29 Sprachen übersetzt wurden, darunter den Bestseller »Sacred Space« (»Die Magie des Wohnens«) und den preisgekrönten Titel »Feng Shui for the Soul«

(»Feng Shui für die Seele«, bislang nicht auf Deutsch erschienen). Denise wirkte weltweit in zahlreichen Dokumentarfilmen und Fernsehsendungen mit. Zudem ist sie die Begründerin der »Red Lotus Woman's Mystery School«, die professionelle Ausbildungsprogramme anbietet.

Auf Denise' Homepage (auf Englisch) erfährst du u.a. mehr über ihre Seminare und Vorträge: *www.deniselinn.com*

ÜBER DEN KÜNSTLER

Scott Breidenthal ist bildender Künstler und Grafikdesigner und betreibt seit vielen Jahren ein eigenes Studio. Er studierte am ArtCenter College of Design in Pasadena, Kalifornien. Derzeit erstellt Scott digitale Collagen für einige ausgewählte Kundinnen und Kunden. In seiner Freizeit reitet er und betreibt »Team Roping« (eine Rodeo-Variante).

Du findest Scott Breidenthal auf Instagram unter *@scottbreidenthal* und auf seiner Homepage: *www.scottbreidenthal.com*